# UN LEÓN LLAMADO CHRISTIAN

# UN LEÓN LLAMADO CHRISTIAN

**Anthony Bourke & John Rendall**

Traducción de
**Isabel Merino**

PLAZA JANÉS

Título original: *A Lion Called Christian*

Primera edición: noviembre, 2009

© 1971, 2009, Anthony Bourke y John Rendall
 Edición publicada por acuerdo con Transworld Publishers, una división de The Random House Group, Ltd. Todos los derechos reservados.
© 2009, Random House Mondadori, S. A.
 Travessera de Gràcia, 47-49. 08021 Barcelona
© fotografías: Derek Cattani, Born Free Foundation, GAWPT y Bill Travers
© 2009, Isabel Merino Sánchez, por la traducción

Prólogo y carta de George Adamson reproducidos con el permiso de Tony Fitzjohn, GAWPT.
Carta de Bill Travers reproducida con el permiso de Will Travers y Virginia McKenna, Born Free Foundation.

Printed in Spain – Impreso en España

ISBN: 078-84-01-38980-1
Depósito legal: B. 37.180-2009

Compuesto en Revertext, S. L.

Impreso en Limpergraf
Mogoda, 29. Barberà del Vallès (Barcelona)

Encuadernado en Imbedding

L 389801

*Para Christian y para nuestras familias,*
*que no llegaron a conocerlo*

# Índice

# *Agradecimientos*

En la edición inglesa de 1971 de *Un león llamado Christian* dábamos las gracias a las personas que nos habían ayudado para que Christian pudiera vivir feliz con nosotros, en Inglaterra, y a las que nos habían ayudado a devolverlo a la vida en libertad.

En Londres: Roy Hazle, encargado de compras del departamento de mascotas de Harrods, y Sandy Lloyd; Jennifer-Mary Taylor, Joe Harding y John Barnardiston, propietarios de Sophistocat, la tienda de muebles de pino en King's Road, donde Christian vivió; Kay Dew; nuestros tolerantes vecinos del World's End; el Reverendo H. R. y la señora Williamson, y Joan y Rod Thomas, de Moravian Close; Unity Bevis-Jones, la mejor amiga de Christian; Amelia Nathan; y Bill Travers y Virginia McKenna, que nos pusieron en contacto con George Adamson.

En Nairobi: Monty Ruben, Jack Block, Agneta von Rosen, Ulf y Marianne Aschan y el Ministerio de Turismo y Vida Salvaje, que autorizó el trabajo de adaptación de Christian a la vida salvaje en Kora.

En Campi ya Simba, Kora, al norte de Garissa, junto al río Tana: George Adamson; su hermano Terence, ingeniero y constructor de carreteras; Tony Fitzjohn; sus empleados Stanley y Hamisi Farah; los amigos de toda la vida de George, Nevil Baxendale y su hijo Jonny (ahijado de George); el guarda de caza de Garissa, Ken Smith; la veterinaria Sue Harthoorn, el fotógrafo Simon Trevor y el Distrito del Río Tana.

En Collins, la editorial original: sir William Collins y Adrian House, que entonces era nuestro editor; Derek Cattani por sus fotografías en Inglaterra y Kenia; y Toni Rendall y Mandy Barrett, que mecanografiaron el manuscrito original.

Lamentablemente, algunas de estas personas fundamentales ya han muerto, entre ellas sir William Collins, George Adamson y Bill Travers. A George le habría encantado el renovado interés por su trabajo con los leones y por la vida de Christian. La George Adamson Wildlife Preservation Trust continúa financiando importantes trabajos de conservación en memoria de George.

Gracias también a Caroline Michel, Alexandra Henderson, Lauren Miller Cilento, Pat y Lindy Bourke y Sally Gaminara por su ayuda y consejos en la producción de este libro.

ANTHONY (ACE) BOURKE Y JOHN RENDALL,
*2009*

# *Prefacio*
## *de George Adamson*

---

En abril de 1970 recibí una carta de Londres en la que mi amigo Bill Travers me hablaba de Christian, un león inglés de quinta generación, y me preguntaba si estaría dispuesto a hacerme cargo de él y rehabilitarlo para que pudiera recuperar la libertad de sus antepasados. La idea me atrajo mucho, no solo porque salvaría a Christian de la cautividad, sino porque probablemente sería la primera vez que un león inglés volvía a la vida para la que nació.

Tenía plena confianza en que su instinto y la información heredada no tardarían en imponerse, si se le daba la oportunidad y pese a cómo se había criado. Debo admitir que no sentí la misma confianza respecto a sus dos propietarios cuando me enteré de que acompañarían a Christian y se quedarían unas semanas en el campamento. Creía que serían muy modernos, con el pelo largo y ropa exótica. Mi primera visión de ellos, en el aeropuerto de Nairobi, con sus pantalones de pata de elefante y la melena suelta no ayudó a disipar mi recelo. Pero Ace y John pronto me devolvieron la fe en esa joven generación. Al momento percibí el profundo afecto y la confianza que había entre ellos y Christian. Sé por experiencia lo difícil que debió de resultarles dejar que Christian se enfrentara a los inevitables peligros y penalidades con los que tropieza un león en libertad.

Cuando escribo esto, Christian tiene casi dos años. Se siente tan en casa en estas tierras salvajes como si hubiera nacido aquí. Aparte de tener que fortalecerse al inicio, no necesitó ningún adiestramiento. En todo momento, la maravillosa reserva de la información heredada le ha mostrado el camino.

*Kampi ya Simba, Kora*
*15 de julio de 1971*

# Introducción

En 1971 escribimos *Un león llamado Christian,* la historia de un león londinense que regresó a África. Y ahora, cuarenta años más tarde, YouTube ha presentado a Christian a un nuevo público de todo el mundo, que siente curiosidad y al que le cautiva su extraordinaria historia.

Éramos dos jóvenes viajeros australianos que acababan de llegar a Londres y que, de improviso, compraron un cachorro de león en los almacenes Harrods. Vivimos con él en Londres y luego en el campo, hasta que pudimos organizar que volviera a Kenia, donde George Adamson, famoso por *Nacida libre,* lo rehabilitaría para vivir en libertad.

Se hicieron dos documentales —*The Lion at World's End* y *Christian the Lion*— sobre cómo George Adamson había reunido una manada de leones e intentaba que Christian volviera a su hábitat natural. El vídeo de YouTube muestra nuestro inolvidable reencuentro con un león que se había hecho mucho más grande cuando volvimos a Kenia un año después, en 1971.

Los dos nos sentimos orgullosos de la edición de este libro, en 1971, escrito cuando teníamos algo más de veinte años, y de la edición actual, revisada y puesta al día pero que sigue siendo fiel al texto original. No obstante, hemos aprovechado la ocasión para añadir nueva información, hacer algunas aclaraciones y, en algunos casos, intentar expresarnos mejor.

Cuarenta años después, algunos de nuestros recuerdos son muy vivaces y otros son más vagos. Hemos consultado dos excelentes libros en los que se hace referencia a Christian, escritos en este espacio de tiempo: *My Pride and Joy*, la autobiografía de George Adamson, publicada en 1986, y *The Great Safari: The Lives of George and Joy Adamson*, de Adrian House, publicada en 1993. Los dos nos confirmaron la cronología de algunos sucesos concretos y nos proporcionaron nuevos datos. Otra fuente de información fueron las cartas que Ace escribió a sus padres por aquel entonces y que, hasta hace poco, ignoraba que hubieran conservado. La primera edición de *Un león llamado Christian* concluía en 1970, pero esta nueva edición ha sido actualizada para incluir nuestras visitas a Christian en 1971 y 1972.

El libro se publica de nuevo debido al gran interés que despertó la historia de Christian a partir del vídeo de YouTube sobre nuestro reencuentro de 1971. A finales de 2007 empezamos a recibir e-mails diciéndonos que las imágenes de nuestro reencuentro estaban en YouTube. No sabemos quién las puso allí; nosotros no habríamos sabido cómo hacerlo aunque se nos hubiera ocurrido. En realidad, no comprobábamos el grado de interés que despertaba, pero a principios de 2008 observamos que el vídeo era cada vez más popular. Circulaba por todo el mundo como uno de esos mensajes de «envíalo a alguien a quien quieras», junto con la emotiva versión de «I will always love you» de Whitney Houston de música de fondo. Las visitas a YouTube empezaron a contarse por millones y se abrieron otros sitios. De vez en cuando leíamos los comentarios, pero nos sentíamos como mirones de nuestra propia vida. La mayoría de la gente opinaba que el vídeo era muy conmovedor y los comentarios eran muy positivos, algo que al parecer es poco corriente, según mencionaron otros internautas. Aquella fue una experiencia muy especial que ahora todos compartíamos.

Internet es un territorio no regulado, por lo que gran parte de la información sobre Christian y sobre nosotros era incorrecta; en particular la suposición de que estuvimos en peligro cuando volvimos a África a ver a Christian. Para entonces, George conocía a Christian desde hacía un año y estaba seguro de que nos reconocería y nos daría la bienvenida, aunque luego admitió que no esperaba unas muestras de cariño tan efusivas.

Más tarde, la presentadora estadounidense de televisión Ellen DeGeneres pasó el vídeo en su programa e invitó al plató a Virginia McKenna y a John. No pudieron asistir, pero el pase de esas imágenes hizo que las visitas al sitio se dispararan hasta alcanzar los tres millones, lo que provocó muchas más emisiones en otras televisiones internacionales. Christian era ya una noticia a escala mundial; nosotros dejamos de contar cuando las visitas alcanzaron los cuarenta y cuatro millones y los sitios aumentaron hasta más de ochocientos. Empezaron a llamarnos algunos productores de Hollywood. Desde entonces se han colgado en internet muchas parodias y bromas; incluso ha habido alguien que ha incorporado a Christian en Facebook, donde ahora tiene muchos amigos.

La historia de Christian era muy conocida en 1971. El libro se publicó en cuatro idiomas y apareció por entregas en muchas revistas. Los documentales *The Lion at World's End* y *Christian the Lion* se emitieron repetidas veces por televisión en muchos países. Luego, naturalmente, el interés fue decayendo y, con el paso de los años, el recuerdo de aquella experiencia llegó a ser tan irreal que acabó pareciéndonos un sueño secreto, una fantasía o incluso una alucinación.

Aquella vez, a principios de los setenta, la gente conocía toda la historia: la novedad de que un león volviera a África desde Londres. Pero esta vez, debido a esos pocos minutos filmados en nuestro reencuentro de 1971, el centro de atención ha sido la relación de cariño que teníamos con un animal supuestamente salvaje, que crecía rápidamente, y el extraordinario recibimiento que nos ofreció un año después. El interés y las amables reacciones han sido abrumadores y nos han dado la oportunidad, al cabo de muchos años, de reflexionar sobre esa experiencia. Joanna C. Avery, que nos envió un e-mail, pensaba que habíamos sido capaces de vencer los estereotipos que la sociedad impone a los animales y superar las diferencias que hay entre nosotros para desvelar nuestras similitudes.

Hemos intentado comprender por qué el vídeo ha tocado la fibra sensible a millones de personas. ¿Es el amor incondicional que Christian nos demostraba? ¿Tiene que ver con el crecimiento y la separación? ¿Está relacionado con la pérdida, la soledad y la alegría del reencuentro? ¿Es posible que la gente haya proyectado sus sentimientos y necesidades hacia sus animales de compañía y el consuelo que estos les proporcionan? Hoy en día, con el dominio de la tecnología y los juegos de ordenador que sustituyen a las actividades al aire libre, ¿tenemos demasiado desapego del mundo natural? ¿Sentimos nostalgia de un tiempo en el que la infancia era más despreocupada y segura, con más libertad y tiempo para las aventuras juveniles?

Internet ha revolucionado las comunicaciones y ofrece oportunidades todavía inimaginables para tejer redes sociales, para el entretenimiento y la difusión de información, así como para el activismo social y político. Ahora, a través de internet, podemos ejercer una influencia real en las causas en las que creemos. Nos preguntamos qué podríamos lograr si trabajáramos al unísono para buscar soluciones a algunas de las cuestiones sociales, medioambientales y de la vida natural más acuciantes del mundo.

# I

## Un león con el precio marcado

N ingún zoo está completo sin leones. El pequeño zoo de Ilfracombe, en Devon, en el sudoeste de Inglaterra, no era una excepción; el león y la leona eran una pareja particularmente atractiva. El león procedía del zoo de Rotterdam, en Holanda, y la leona, del zoo Bíblico, de Jerusalén. Tuvieron su primera camada el 12 de agosto de 1969; cuatro cachorros sanos: un macho y tres hembras. Nueve semanas más tarde, el verano había terminado y ya no había visitantes a los que atraer. Dos de las hembras fueron enviadas a un vendedor de animales, y luego las compró un circo. Harrods, el almacén de Knightsbridge, compró la otra hembra y el macho, que fueron trasladados a Londres en tren. Los cuatro cachorros parecían destinados, igual que sus padres, a una vida anodina.

Tres meses antes de que nacieran, nosotros habíamos dejado Australia por vez primera, llenos de dudas pero optimistas. Nos habíamos graduado en la universidad y habíamos trabajado en diversos oficios, pero no teníamos una trayectoria profesional clara en aquellos momentos. Nos dirigíamos a Londres, como tantos jóvenes australianos antes que nosotros; entre los ejemplos más conocidos están el escritor satírico Barry Humphries, el periodista y locutor Clive James, la profesora universitaria y escritora Germaine Greer, los artistas Sidney Nolan, Brett Whiteley y Martin Sharp, el comentarista social Richard Neville y, más recientemente, Kylie Minogue. Algunos australianos viajaban a través de Asia y Oriente Próximo, algo difícil, si no imposible, en la actualidad. Nosotros viajamos cada uno por nuestro lado durante varios meses, pero acabamos encontrándonos inesperadamente en Londres a finales de noviembre de 1969. No somos precisamente aficionados a ir a ver monumentos, pero un día, obedeciendo a un inusual arrebato de entusiasmo, visitamos, entre otros lugares turísticos, la Torre de Londres. Decidimos que, como contraste, sería adecuado ir a Harrods por primera vez. Sabíamos que Harrods alardeaba de poder proporcionar a los clientes cualquier cosa que quisieran, por un precio, claro. Un amigo se interesó una vez por un camello y le preguntaron: «¿Lo quiere con una o con dos jorobas?». Pero nos pareció que Harrods había superado todo lo imaginable cuando, mientras deambulábamos por su zoo del segundo piso, descubrimos dos cachorros de león en una pequeña jaula entre gatitos siameses y los habituales perros ovejeros ingleses. Un cachorro de león con el precio marcado no resulta fácil de asimilar. Los cachorros demostraban ser un estupendo atractivo para los compradores navideños, que los veían como el regalo de Navidad perfecto para alguien que ya lo tuviera todo.

Nunca antes habíamos pensado en los leones. Por supuesto, los habíamos visto en el zoo, pero nuestro interés y conocimientos no iban más allá. Ni siquiera habíamos leído *Nacida libre*, el libro de Joy Adamson, publicado en 1960, que narraba la historia de la leona que Joy y su marido George Adamson, guarda de caza del Kenyan Wildlife Department, habían encontrado cuando era un cachorro y a la que habían criado y devuelto a la vida en libertad.

Sentimos pena por los cachorros porque, pese a los esfuerzos del personal, los intrigados compradores no dejaban de molestarlos; sin embargo, también nosotros tuvimos que contener el mismo impulso. Cada persona esperaba una respuesta. La hembra gruñía de forma inquietante, lo cual satisfacía a la gente, pero su hermano actuaba como si ninguno de nosotros existiera. Era irresistible. Totalmente seducidos, nos quedamos junto a la jaula durante horas.

John: ¿Por qué no lo compramos?

Ace: Ya le he puesto nombre: Christian.

Mucho después, nos enteramos de que el personal ya lo había bautizado como Marcus, un nombre muy masculino, pero Christian parecía sentarle bien. Además nos gustaba la ironía de que en tiempos de los romanos los cristianos eran alimento para los leones, lo que también nos ayudaría a recordar los peligros a los que nos exponíamos, nosotros y los que nos rodeaban.

Intuitivamente, sabíamos que los dos hablábamos en serio, lo que nos llevó a empezar a sentir un curioso entusiasmo. Aunque solo fuera durante un par de meses, seguro que podíamos ofrecerle una vida más feliz que aquella y, además, tratar de garantizarle un futuro mejor. ¿O tal vez solo queríamos apartar a Christian de todos los demás y tenerlo únicamente para nosotros? Ninguno de los dos había fantaseado o soñado con tener una mascota exótica, pero el cachorro era absolutamente irresistible.

De repente, parecía que si no teníamos un cachorro de león, nuestras vidas estarían incompletas. No era una idea práctica para dos australianos de viaje por Europa, pero por lo menos podíamos permitirnos el lujo de plantearnos la posibilidad de comprarlo. Preguntamos si todavía estaba en venta. Ya habían vendido a la hembra, pero el macho seguía disponible, por doscientas cincuenta guineas, equivalentes a tres mil quinientas libras inglesas de 2009. Era una suma enorme para nosotros, pero, sin inmutarnos, decidimos alegremente que era un precio muy razonable. La empleada del zoo nos aconsejó que habláramos con el encargado de las compras de Harrods. Nos advirtió, con toda la intención, que entrevistaba a cualquier posible cliente muy a fondo, porque Harrods creía que era importante que los leones no cayeran en manos de alguien irresponsable.

Volvimos al día siguiente, con un aspecto mucho más respetable: con el pelo hábilmente aplastado y vestidos con las chaquetas de *tweed* que nuestros padres habían insistido, muy sensatamente, en que nos serían muy útiles, pero que hasta aquel momento habían permanecido olvidadas en el fondo de la maleta. Con ayuda de algunas inocentes mentirijillas y nuestro entusiasmo, conseguimos convencer a Roy Hazle, el jefe de ventas de Harrods, de que seríamos unos padres adoptivos y unos guardianes responsables para un león. Cuando en Harrods estuvieran preparados para separarse de él, nosotros tendríamos la primera opción para comprar a Christian.

Hasta aquel momento todo parecía muy natural y sencillo. Habíamos ido de compras y habíamos visto un león que nos gustaba y que ahora queríamos comprar, pero no podíamos hacernos cargo de la entrega hasta unas tres semanas después. Compartíamos un piso pequeño en King's Road, en Chelsea, encima de la tienda donde nos habían ofrecido trabajo a los dos; en todos los sentidos, no podíamos estar en peor situación para convertirnos en dueños de cualquier animal, y mucho menos de un león. Pasamos días visitando, sin éxito, a agentes inmobiliarios, buscando un sótano con jardín, «para nuestro perro». Decirles la verdad no parecía tener sentido, ya que era con los propietarios con quienes tendríamos que lidiar en realidad. Estábamos cada vez más descorazonados, así que decidimos poner un anuncio en *The Times*; supusimos que el propietario valeroso o excéntrico que no habíamos conseguido encontrar leería este periódico.

CACHORRO DE LEÓN. 2 jóvenes buscan piso/casa, jardín/terraza en Londres. 352 7252.

Las únicas respuestas que recibimos fueron una avalancha de llamadas de otros periódicos que querían, prematuramente, fotografiar al león.

Desesperados, nuestra última esperanza era convencer a los dueños de la tienda —Joe Harding, John Barnardiston y Jennifer-Mary Taylor— de que, además de tenernos como empleados, su negocio necesitaba perentoriamente que un cachorro de león viviera en el local, sobre todo porque la tienda se llamaba Sophistocat. Por fortuna, John Barnardiston, que como buen inglés era cauto por naturaleza, estaba en Suiza por aquel entonces. Joe Harding había nacido en Kenia y había tenido diversos animales, por lo que no se opuso, y Jennifer-Mary se mostró entusiasmada. Se decidió que Christian viviría en el sótano de la tienda y que sería una sorpresa para John cuando regresara de Suiza. Como nosotros vivíamos encima de la tienda y trabajábamos allí, parecía un arreglo ideal, porque podíamos dedicar a Christian toda la atención que suponíamos que le sería necesaria. Aunque Sophistocat tenía un sótano enorme, con varias habitaciones, también era preciso que encontráramos un jardín para que hiciera ejercicio.

Por suerte, teníamos unos amigos que vivían en un estudio a unos trescientos metros de la tienda, con acceso a un jardín muy adecuado. Totalmente vallado y con una extensión de tres mil metros cuadrados, todavía es propiedad de la Iglesia de Moravia. El pastor era un entusiasta observador de pájaros, pero no tenía nada en contra de ampliar sus intereses zoológicos y, muy generosamente, nos dio permiso para que utilizáramos su jardín. Gracias a ellos, ya podíamos garantizar a Harrods que cumplíamos los requisitos prácticos para ser dueños de un león en Londres.

Por supuesto, pensándolo ahora, tantos años después, nunca deberían habernos permitido comprar un león. Éramos muy ingenuos respecto a los riesgos y no contábamos con un seguro. Desde que la Ley de Especies en Peligro entró en vigor en Inglaterra, en 1973, Harrods ya no comercia con animales exóticos y tiene una «tienda de animales de compañía», en lugar de un «zoo». Ahora somos conscientes de que comprar animales salvajes o exóticos solo favorece a que se siga traficando con ellos.

Pero al tiempo que nuestro entusiasmo se disparaba, cada vez nos preocupaba más nuestra absoluta ignorancia del tipo de problemas a los que nos enfrentábamos. No teníamos ni idea de hasta qué punto se podía domesticar un león y éramos conscientes de que quizá estábamos asumiendo una tarea vana e imposible. Nuestras familias nos habían infundido el amor hacia los animales, pero esto no nos preparaba para lo que se nos venía encima.

Ace había crecido en Newcastle, una ciudad al norte de Sidney, en Nueva Gales del Sur. Vivía cerca del monte, montaba a caballo y siempre había tenido perros, aunque a los once años encontró al que sería su primer gato en el solar contiguo, que estaba desocupado. Durante las vacaciones la familia iba muchas veces de acampada y a pescar a la costa, o al interior.

John había crecido en Bathurst, una gran ciudad interior, a unos doscientos kilómetros de Sidney, donde las mascotas de la familia incluían gatos, diversos perros pastor kelpie y, con frecuencia, canguros jóvenes rescatados después de que sus madres hubieran muerto atropelladas en la carretera o abatidas a tiros por considerarlas alimañas. Los conejos también eran considerados alimañas. Ellos y sus predadores, los zorros, son ejemplos de una desastrosa importación de animales que ha causado un enorme daño medioambiental a las especies y los hábitats autóctonos.

En Harrods nos dijeron que los cachorros habían sido cuidados por humanos desde que nacieron y que los dos, en particular Christian, respondían al afecto. Él era el favorito y parecía tener un carácter encantador y tranquilo. Tan a menudo como podíamos, íbamos a Harrods a jugar con los cachorros, cuando, después de cerrar, los dejaban salir de la jaula durante una hora. Queríamos pasar tanto tiempo como fuera posible con él ya que, si nos conocía, su traslado a Sophistocat y a King's Road sería más fácil. Los dos cachorros eran enormemente juguetones y, aunque era posible manejarlos, a veces podían resultar bastante incontrolables. Tenían unos dientes y unas garras muy afilados, todavía no habían aprendido a controlarlas y era difícil no acabar con arañazos. Sin ninguna duda, Christian era más dócil que su hermana y confiábamos en que, una vez lo hubiéramos separado de ella, sería menos bullicioso y más manejable.

Muy sensatamente, Roy Hazle nos aconsejó que antes de tomar la decisión final de comprar a Christian habláramos con Charles Bewick y Peter Bowen, que habían comprado una hembra de puma en Harrods el año anterior. La puma, que se llamaba Margot, como Dame Margot Fonteyn, primera bailarina y amiga de la familia, ya estaba totalmente desarrollada y, aunque parecía haberse adaptado a la vida en Londres, nunca nos sentíamos realmente tranquilos cuando estábamos con ella. Nos aseguraron que su comportamiento siempre era impecable y que, como Peter y Charles habían podido dedicarle una cantidad considerable de tiempo, estaba lo suficientemente domesticada para convivir felizmente con ellos. Era alentador, porque estaba claro que habían disfrutado con la experiencia y había resultado mucho menos complicada de lo que habían previsto.

Sabíamos que era improbable que pudiéramos conservar a Christian más de seis meses. En muy poco tiempo, sería demasiado grande para cualquier lugar que lográramos proporcionarle. Estábamos decididos a intentar que esos meses fueran para él tan felices y seguros como pudiéramos, pero ¿acaso eso era justo si después tenía que volver a un zoo? Sin duda, sería más difícil para él y toda aquella aventura habría sido solo un capricho maravilloso para nosotros. Decidimos ir a visitar el Longleat Safari Park, en Wiltshire, en la campiña inglesa, para ver si sería adecuado para Christian. El parque, resultado de la colaboración entre el marqués de Bath y Jimmy Chipperfield, dueño de un circo, había abierto en 1966. Era el primer safari park que abría fuera de África y era innovador en el cuidado de los animales, pero también era polémico porque los vecinos temían que los leones se escaparan. Sabíamos que cuando se inauguró, lo que hasta entonces se daba por sentado respecto a los leones se demostró que era erróneo; a causa de ello, los leones habían sufrido accidentes. Cuando nosotros fuimos, el parque cubría más de cuarenta hectáreas, los leones estaban divididos en manadas y parecía que habían creado las mejores condiciones de vida para estos animales en Inglaterra. Roger Cawley, el director, dijo que le encantaría hacerse cargo de Christian cuando fuera demasiado grande para nosotros.

No solo teníamos la posibilidad de cuidar de Christian, sino que, además, podíamos garantizar que no pasaría el resto de su vida en un zoo o en un circo. Pero ambos seguíamos teniendo muchas dudas. ¿Estábamos realmente preparados para asumir una responsabilidad tan enorme y comprometedora? No podíamos pasar por alto que lo que íbamos a incorporar a nuestra vida y a la de quienes nos rodeaban era un león, un animal salvaje y el depredador más poderoso, después del hombre. Sabíamos que no era imposible conseguir establecer una relación viable entre humanos y leones, pero no podíamos estar seguros de que las cosas saldrían bien con Christian. Ya tenía cuatro meses y crecía muy deprisa. Pronto sería capaz de infligir mucho daño. Pero mientras que uno de los dos hablaba de nuestra temeridad y de los riesgos, el otro insistía en la experiencia apasionante e inolvidable que nos esperaba. Lo que finalmente nos unió fue la acérrima oposición de la mayoría de nuestros conocidos a nuestra idea de comprar a Christian. Sin quererlo, reforzaron nuestra determinación a aceptar un reto al que, de no ser por ellos, quizá nos habríamos resistido. Desde luego nuestros padres estaban horrorizados, pero solo nos advirtieron que era una decisión «que tal vez lamentaréis» y que «será difícil renunciar a Christian». Era dar un paso hacia lo desconocido. Éramos jóvenes, buscábamos diversión y aventura, y habíamos dejado atrás Australia, a nuestros padres y algunas de nuestras inhibiciones. Estábamos en las postrimerías de los históricos sesenta y al principio de los setenta, una época de optimismo, grandes cambios sociales y oportunidades.

El 15 de diciembre de 1969 nos llamaron inesperadamente para decirnos que podíamos recoger a Christian unos días antes de lo acordado. En plena noche, él y su hermana se habían escapado, se habían metido en la sección de alfombras y habían destrozado unas pieles de cabra que formaban parte de una exposición navideña. Recogimos a Christian al día si-

31

guiente y nos lo llevamos, a pie, atado con una correa, por la salida del personal. Los empleados nos dijeron adiós con la mano, sin duda aliviados de haberse librado de aquella responsabilidad. Con Christian sentado con aire majestuoso y engañosamente inmóvil en el asiento trasero del coche, nos dirigimos hacia King's Road, completamente felices, entusiasmados y nerviosos, pero con la sospecha y el temor callados de que nos habíamos comprometido a hacer algo que podría venirnos demasiado grande.

*Fashion victims*: Ace Bourke (izquierda) y John Rendall
en King's Road con Christian, 1970.

**Arriba:** Pascua de 1970. «Y no hubo bajas...»

**Página anterior:** Las papeleras de mimbre se ponían primero en la cabeza y después eran destruidas.

**Página anterior:** En la vivienda, encima de Sophistocat.

**Izquierda:** Contemplando su reino.

**Abajo:** Su postura favorita en las escaleras de la tienda.

**Arriba:** Fútbol en Moravian Close.

**Página siguiente:** A Christian, como a todos los leones, le fascinaban los niños.

Christian siempre era curioso y nunca pudo resistirse a un cajón abierto.

## 2

## *Sophistocat*

---

El trayecto desde Harrods, en Knightsbridge, hasta Sophistocat, en Chelsea, es corto, pero después de meses encerrado en una jaula, el mundo de Christian debió de adquirir unas proporciones monumentales. Asustado y confuso cuando el coche empezó a moverse, se nos subía encima, por lo que tuvimos que parar con frecuencia. No teníamos ni idea de cómo empezar a controlarlo. Tratamos de tranquilizarlo con un enorme oso de peluche que le habíamos comprado como regalo de bienvenida, pero su absoluta falta de interés nos dejó sin recursos. Al final llegamos a Sophistocat, donde nuestros amigos nos esperaban, impacientes. Lo llevamos al interior de la tienda. Christian, mucho más tranquilo, se dedicó a recorrerla, investigándolo todo y esquivando hábilmente todas las manos que, con cautela e incredulidad, se tendían hacia él para acariciarlo. Parecía ligeramente desorientado y concentraba su atención en nosotros. Como habíamos pasado tiempo con él en Harrods después de la hora de cierre, era de suponer que representábamos el único vínculo con su pasado inmediato. Nos quedamos levantados casi toda la noche, jugando con él. Christian era nuestro.

Que un león residiera en King's Road, Chelsea, no era demasiado sorprendente en aquel tiempo. En los sesenta, Londres se había convertido en la meca de los diseñadores, músicos, artistas, fotógrafos y escritores, además de mucha gente creativa y otros especímenes que habían recalado allí y que formaban parte del «Swinging London». Era habitual ver a los Beatles, a David Bowie y a los Rolling Stones por Chelsea. Entre los diseñadores de moda estaban Mary Quant; Barbara Hulanicki, en Biba; Zandra Rhodes; Ossie Clark y Michael Fish. Los animales exóticos formaban parte de esta mezcolanza llena de glamour. Además de Margot, el puma hembra, sabíamos de un serval que vivía cerca, y John Aspinall, el propietario del casino, tenía tigres y gorilas. A partir de Sloane Square y a lo largo de un kilómetro y medio, King's Road estaba llena de tiendas de ropa a la última moda, restaurantes, clubs y mercadillos de antigüedades. La fachada era efímera pero el carácter fundamental seguía siendo el mismo: superficial y pretencioso, pero divertido y no carente de atractivo. Cada sábado, la calle quedaba bloqueada por un artificial desfile de personas y coches caros. Los turistas acudían a mirar, mientras que los demás, con sus trajes elegantes o llamativos, iban a que los miraran. Aunque entonces era divertido llevar aquella ropa, en retrospectiva, la mayoría éramos víctimas de la moda, por lo que ahora el regreso de la moda retro de los setenta hace que nos sintamos incómodamente divertidos.

Sophistocat vendía muebles de pino antiguos; estaba situada en una curiosa zona llamada World's End (el Fin del Mundo) que señalaba el punto donde antes acababa la carretera del rey Carlos II y también la protección contra los salteadores de caminos... una tradición de pillería que seguía viva. Muy al extremo de King's Road, el World's End se estaba convirtiendo en parte del Chelsea de moda, y los locales acusaban la creciente intrusión de algunas tiendas elegantes de antigüedades y ropa, entre ellas: Granny Takes a Trip, de Nigel Weymouth, y la boutique de Vivienne Westwood y Malcolm McLaren, entonces llamada Seditionaries, más tarde Sex y ahora World's End. Pronto surgiría la música y la ropa punk en nuestro extremo más cutre de King's Road.

En dos días, parecía que Christian se había adaptado totalmente a su nuevo entorno. Todas las inhibiciones iniciales habían desaparecido y el oso de peluche estaba ya hecho trizas. Estaba claro que disfrutaba con la mayor libertad que tenía en esa tienda grande de dos niveles; además, era mucho menos bullicioso sin su hermana. No parecía que la echara de menos. Tal vez éramos una especie de sustitutos y, como no mostraba en absoluto esa indiferencia que es común a la mayoría de los felinos, quería estar cerca de nosotros. Los leones no son tan desdeñosos como otros gatos; son más parecidos a los perros en cuanto a sociabilidad. Sencillamente, saben que son el número uno y dan por sentada su superioridad. Con cuatro meses de edad, casi quince kilos de peso y unos sesenta centímetros de largo, era como un imponente oso de peluche. Le encantaba que lo cogiéramos en brazos y lo mimáramos; nos rodeaba el cuello suavemente con las patas y nos lamía la cara. Su pelaje era suave, de color pardo rojizo y, sorprendentemente, lleno de manchas. Aunque su coordinación era buena, las patas, la cabeza y las orejas eran desproporcionadamente grandes para el resto del cuerpo, con lo cual daban idea del tamaño y la fuerza que llegaría a tener. Pero eran sus preciosos ojos, redondos, de color rojizo, lo que más destacaba en su aspecto. Tenía un carácter plácido y encantador y era tan fácil de tratar que creímos que habíamos exagerado los problemas que entrañaba ser dueños de un león. Incluso estaba enseñado. Con la obsesión por la limpieza propia de todos los felinos, él y su hermana usaban el mismo rincón de la jaula en Harrods, así que éramos optimistas. En una de las habitaciones del sótano habíamos instalado un radiador y habíamos colocado mantas para que durmiera. En un rincón pusimos un cajón de tamaño león, con arena. Después de dos días de charcos y cacas indiscriminadamente repartidos, que castigábamos con un manotazo y llevándolo a la caja, el problema se solucionó. Aprendió rápidamente su nombre y la palabra «no». Todo parecía demasiado fácil.

Era muy adaptable y respondía bien a la rutina. Su jornada empezaba a las ocho de la mañana, cuando uno de nosotros bajaba. Aunque parecía poco natural, a menudo teníamos que despertarlo. Entonces un leoncito que parpadeaba, adormilado, nos saludaba cariñosamente y se dirigía con pasos vacilantes hacia el cajón. Luego era hora de comer. La primera y la última comida del día consistían en una mezcla de alimentos y vitaminas para bebés. Sandy Lloyd, la empleada del zoo de Harrods, que adoraba a los cachorros y los había cuidado sumamente bien, nos dio una dieta equilibrada para Christian. Dos comidas principales, al final de la mañana y al principio de la noche: trescientos cincuenta gramos de carne cruda, un huevo crudo y una cucharada de hueso molido para prevenir una posible deficiencia de calcio. De vez en cuando cambiábamos la carne por un conejo sin despellejar. Christian arrastraba la piel arriba y abajo por Sophistocat durante varios días, hasta que acababa desintegrándose o el olor se volvía insoportable. Disfrutaba cuando tenía huesos enormes para jugar y roer y, como no tenía que competir con otros animales, podíamos tocar sus alimentos sin peligro mientras comía.

Empezamos a descubrir que las ideas preconcebidas que se tienen sobre los leones suelen ser erróneas. Por ejemplo: es una falacia que es peligroso dar carne cruda a un animal como el león porque supuestamente eso lo convertirá en un «devorador de hombres». Mirábamos con envidia los deliciosos filetes que un chef francés traía a veces para Christian. Al chef le encantaban los leones y, evidentemente, tenía acceso a una abundante reserva de carne. Cada semana que pasaba, Christian necesitaba una cantidad cada vez mayor de carne. Llegó a resultar tan caro alimentarlo que lamentamos no poder convertirlo en vegetariano.

No se cansaba nunca de jugar y tenía un montón de juguetes variados y de pelotas de goma esparcidos por toda la tienda y por el sótano. Le entusiasmaban las papeleras; primero metía la cabeza dentro, con lo cual no veía nada, y luego las destrozaba. Tuvimos que comprarle juguetes más resistentes, porque el promedio de vida de un peluche normal era de dos minutos. Exigía nuestra atención constantemente, pero era imposible no hacerle caso. Si uno de nosotros estaba leyendo el periódico o hablando por teléfono, Christian se le subía de un salto a las rodillas. Sophistocat era una jungla de muebles y, constantemente, se dedicaba a acecharnos; llegó a ser experto en inventar juegos. Sabía que no le permitíamos que nos saltara encima, pero se colocaba hábilmente detrás de un mueble, de forma que parecía que en realidad fuéramos nosotros quienes lo tentáramos, escondiéndonos. Entonces, con la conciencia tranquila, se lanzaba y saltaba encima de nosotros. Nos acostumbramos a mirar nerviosamente por encima del hombro. Si lo pillábamos inmóvil, agazapado con una mirada penetrante y maliciosa, adoptaba un aire despreocupado y fingía que se estaba limpiando las patas, un tanto irritado porque le habíamos estropeado la diversión, que consistía en acecharnos y pillarnos desprevenidos. No tardamos en aprender a predecir qué intenciones tenía por la expresión de sus ojos. Siempre era entretenido y divertido, pero muy agotador y exigente.

Cuando jugábamos con él, no lo alentábamos a ser demasiado bullicioso o a entusiasmarse en exceso, y no peleábamos de manera violenta con él ni lo animábamos a perseguirnos. Nunca dejamos que se diera cuenta de que, a partir de cierto momento, ya era más fuerte que nosotros y podía hacernos daño. Lo evitábamos y no hacíamos caso de cualquier demostración manifiesta de su superior fuerza. A veces, mientras jugábamos, si nos tenía en una situación incómoda en el suelo —dominándonos desde su posición «alfa»—, instintivamente sentía su ventaja y mostraba una energía y una determinación que nos alarmaba y que a él parecía dejarlo perplejo.

Cada mañana, esperaba impaciente la llegada de Kay Dew, la limpiadora, pues estaba seguro de que se la proporcionábamos para su diversión. Perseguía las escobas, se montaba en la aspiradora y robaba o se comía los trapos del polvo. Ella lo manejaba muy bien, pero contemplaba con recelo las manchas que dejaba su boca, que cada vez estaban más arriba en las ventanas y las puertas cristaleras.

Cuando Christian llegó a King's Road, era lo bastante pequeño para corretear por la tienda incluso cuando había clientes. Raramente se tomaban en serio nuestra advertencia inicial: «¿Le molestan los leones?». Una mujer desconfiada, al ver uno de los huesos de Christian, dijo: «Este hueso es del tamaño de un león». «Eso es lo que tratábamos de decirle. Mire detrás

39

de usted.» Se volvió y contempló incrédula a Christian, que pasó junto a ella tranquilamente para recuperar su hueso. Por lo general, era bueno para el negocio, y los dueños de Sophistocat eran increíblemente tolerantes. Hasta los ingleses reaccionaban ante un cachorro de león tumbado encima de la mesa antigua de pino que se planteaban comprar. La mayoría estaban encantados y nadie se quejó de las ocasionales carreras en las medias o de los pantalones desgarrados. Muchas clientas volvían con sus maridos y amigos escépticos y con una carretada de niños los sábados, un día en el que siempre teníamos mucho trabajo con el habitual desfile de King's Road. De repente, Sophistocat empezó a parecer un zoo o un circo. Para evitarlo, Christian tenía que pasar la mayor parte del día en el sótano y solo las personas que se mostraban particularmente decepcionadas, o las personas muy atractivas, podían convencernos para que los lleváramos abajo a verlo.

Cada tarde íbamos al jardín del cercano Moravian Close para hacer ejercicio. En Harrods nos habían dado un collar y una correa para él; aunque el collar parecía fuera de lugar, era necesario, ya que así resultaba más fácil sujetarlo; además, él se olvidaba enseguida de que lo llevaba puesto. Al principio, intentamos llevarlo hasta el jardín sujeto con la correa, ya que solo estaba a unos trescientos metros. Pero nunca caminaba: se lanzaba a la carrera un trecho y luego, resueltamente, se sentaba. Le asustaba el tráfico y la gente que se apiñaba a su alrededor. Nos aterraba encontrarnos con otros animales porque, aunque no parecían interesarle demasiado, se los tomaba como una agradable diversión. En las primeras semanas podíamos cogerlo y llevarlo en brazos, pero pronto empezó a pesar demasiado y aquel corto paseo se convirtió en una dura prueba. Aunque habría sido más fácil si hubiera aceptado caminar sujeto con la correa, era injusto esperar una conducta tan poco natural en un león, así que no insistimos y decidimos llevarlo en el coche o en la camioneta de Sophistocat. En ambos vehículos siempre se mostraba dócil pero inquieto, pues para los leones es difícil aceptar cualquier forma de restricción.

El jardín era ideal. No había ningún ser humano, ningún animal, y estaba rodeado de un alto muro de ladrillo. El muro fue construido en la época Tudor, y los actuales estudios y la vieja capilla Moravia del jardín se levantan sobre los cimientos de los establos de sir Thomas More. Tras una sucesión de eminentes propietarios, en 1750 sir Hans Sloane vendió la propiedad al conde Zinzendorf de Sajonia, quien pretendía fundar una colonia morava en Inglaterra. Los moravos estaban entre los primeros protestantes independientes; formaron su hermandad en 1457 para protestar contra la corrupción moral y las actividades políticas de la Iglesia Católica Romana de Bohemia. Tomaron el nombre de moravos, en lugar de bohemios, por el grupo de refugiados procedentes de Moravia que se asentaron en la propiedad del conde Zinzendorf, en Sajonia, en 1722. El hijo del conde, Christian Renatus, conde de Zinzendorf y Pottendorf, está enterrado en el jardín. En realidad es un cementerio, pero los moravos entierran a sus muertos de forma tan poco ostentosa —verticalmente, con modestas lápidas horizontales— que no lo parecía. Pensándolo ahora, la verdad es que nos sentimos un poco culpables por jugar en un camposanto.

Había una gran zona de hierba donde Christian podía jugar, con árboles y setos donde esconderse. Curiosamente, le costó varias semanas adaptarse a aquel espacio tan amplio, y al principio no quería ir al centro del jardín, por no alejarse de la protección del seto. Pero luego se convirtió en su territorio y le encantaba. Disfrutaba persiguiéndonos y saltándonos encima, pero decidimos que era desaconsejable alentar esta costumbre en un león, así que le lanzábamos pelotas de fútbol para que las persiguiera en lugar de a nosotros. Era extraordinariamente rápido y tenía una coordinación maravillosa. Corría detrás de la pelota, saltaba encima y se revolcaba con ella de forma espectacular, una y otra vez. En las pocas ocasiones en las que había nieve, le encantaba deslizarse por encima y no le importaba el frío. Pasábamos alrededor de una hora cada día en el jardín, lo cual parecía suficiente, porque raramente se hacía el remolón para volver a Sophistocat. Además, era el momento de su entretenimiento favorito.

Al final de la tarde, Christian se sentaba majestuosamente en los muebles del escaparate, en primer plano, desde donde observaba las actividades del World's End. Era la atracción estrella de la zona, y la gente del barrio, en particular los niños, lo adoraban y estaban muy orgullosos de él. Parecía que perteneciera a todos. En el escaparate, atraía a grupos de admiradores habituales o de recién llegados que se quedaban estupefactos. Aquellas eran horas felices. Si había demasiada gente y le tapaban la vista, se limitaba a cambiar de escaparate. Algunos automovilistas, al ver a Christian exhibiéndose con toda naturalidad, chocaban contra el vehículo de delante. Alguien oyó un día una conversación entre un niño y su madre, en un autobús que pasaba: «¡Mami, en aquel escaparate hay un león!». «No digas tonterías. Si sigues diciendo mentiras, le diré a tu padre que te dé una paliza.»

# 3
## *Nobleza obliga*

---

No le habíamos dicho a Christian que era un león. Pensábamos que esta información solo conduciría a una lamentable conducta de león. Evitábamos usar esa palabra delante de él, pero en ocasiones teníamos que deletrear L-E-Ó-N para la gente que creía que era un leopardo, debido a sus manchas. Disfrutaba mirándose en los grandes espejos de Sophistocat, de forma que, aunque quizá se sintiera confuso sobre el tipo de animal que era, sabía exactamente qué aspecto tenía. Con frecuencia nos acompañaba en el coche y, como posiblemente en Londres hay más esculturas de leones que leones vivos en África, decidimos contarle la verdad antes de que la descubriera por sí mismo y empezara a hacer preguntas embarazosas. Lo llevamos a Trafalgar Square a ver los leones que hay en la base de la Columna de Nelson. Le encantó saber que era un símbolo de nobleza. Por fortuna, esa información no alteró su comportamiento, porque, como todos los felinos, había dado por sentado desde el primer momento que era superior a nosotros. Pero demasiada información puede ser peligrosa o prestar a confusión, así que pedimos al pastor moravo que no le dijera que los primeros cristianos habían servido de comida para los leones.

Fieles a sus principios, en Harrods nos habían vendido un león de calidad. Estaba muy sano y tenía un carácter magnífico. Era tranquilo y no se alarmaba ni se asustaba fácilmente. Estas cualidades se veían reforzadas por su confianza en nosotros y su fuerte sensación de seguridad. Que su conducta fuera, en general, muy previsible y coherente hacía que vivir con él resultara mucho más fácil de lo que podría haber sido. Actuábamos con mucho cuidado con él; aprendimos a conocerlo y enseguida averiguamos cosas sobre él. Raramente nos equivocábamos al juzgar sus intenciones, y solíamos anticiparnos a cualquier situación que pudiera tener unas consecuencias imprevisibles.

Era fácil reconocer en él un patrón psicológico de comportamiento que podía interpretarse en términos humanos. Aunque aceptamos que es una actitud antropomórfica, estábamos convencidos de que algunos aspectos de su personalidad se parecían a la personalidad humana. Su «sentido del humor» era muy similar al nuestro. Si tropezaba con algo —y con aquellas patazas tendía a ser bastante torpe para ser un león—, parecía sentirse «violento», pero rápidamente, igual que la mayoría de la gente, hacía como que no había pasado nada. Daba la sensación de que los leones podían comunicarse con los humanos con mayor facilidad que cualquier otro animal. Nos dimos cuenta de que los dos depredadores más poderosos del mundo tenían mucho en común.

Christian tenía una personalidad muy fuerte, y su presencia llenaba por completo la tienda y nuestras vidas. Comprendíamos que para que los meses que iba a vivir con nosotros fueran tan felices para él como queríamos, debíamos permitirle que expresara su naturaleza hasta donde fuera posible. Para que siguiera siendo el animal tranquilo y satisfecho que era, además de darle todo el tiempo y afecto de que disponíamos, debíamos reducir al máximo las restricciones.

Alcanzamos una relación de respeto mutuo; no mostraba ningún indicio de la sumisión propia de un animal doméstico. No hicimos ningún intento por dominarlo ni adiestrarlo; además, según nuestra experiencia, es probable que esto hubiera tenido unas consecuencias desastrosas. Es improbable que se pueda llegar a dominar por completo a un león; tal vez cierto control sea lo máximo que se puede lograr. Pero no es fácil ganarse el respeto de un león. Christian tenía un carácter resuelto, pero parecía comprender que debía cooperar y no tardó en saber qué tipo de conducta no le íbamos a permitir. Ninguno de los dos había tenido contacto con animales de circo o utilizados para el entretenimiento. Incluso ahora, solo es posible suponer los juegos psicológicos, los sobornos, las recompensas y los castigos que suelen usarse para conseguir que los animales actúen. En 2003, Roy, uno de los componentes del dúo Sigfried y Roy, en Las Vegas, fue atacado por uno de sus tigres durante una actuación de ilusionismo con animales.

Christian detestaba que no le hiciéramos caso y era muy consciente del efecto que causaba en los humanos. No podía resistirse a poner a prueba las reacciones de los que lo veían por primera vez, y si alguien no había estado a la altura en una ocasión anterior, siempre se acordaba. Como todos los animales, sabía cuándo alguien se sentía incómodo cerca de él, y se aprovechaba. Si los clientes no se habían dado cuenta de que estaba sentado en la escalera de la tienda, gruñía para captar su atención. Desde su posición dominante, había hecho caer con sus patas varios sombreros y gafas. Era extremadamente curioso y sus ojos siempre observaban y buscaban cualquier novedad que valiera la pena investigar.

Sus ojos eran su rasgo más deslumbrante. Eran expresivos, inteligentes y podían transmitir amor y confianza, o desafiarnos y provocarnos. A veces tenían una claridad y un brillo increíbles, pero otras podían ser opacos, inescrutables e impenetrables, y nos atravesaban como si mirara a una dimensión lejana, de la cual estábamos excluidos.

Christian se acordaba de las personas y los lugares, y demostraba mucha inteligencia en comparación con otros leones que conocimos. Aprendió rápidamente a abrir la puerta del sótano, si no estaba cerrada con llave. Guardábamos su comida del día en la parte más alta de diversos armarios de la oficina, al fondo de la tienda, pero a menudo se las arreglaba para trepar por otros muebles hasta llegar lo bastante arriba y luego erguirse sobre las patas traseras y hacer caer su comida al suelo.

A diferencia de otros felinos, los leones son animales gregarios y sociales que viven en una numerosa manada familiar. No cabía duda de que nos consideraba su familia y era tremendamente afectuoso con nosotros. Los leones se saludan con un contacto ceremonial de la cabeza, y con frecuencia nos arrodillábamos para que pudiera hacérnoslo. Cualquier separación, sin importar cuánto durara, terminaba con otro saludo cariñoso, un lametazo y un abrazo. Le gustaba estar cerca, a menudo apoyado contra nosotros o incluso sentado encima de nosotros. A veces, daba un salto espectacular y se nos subía a los brazos, una forma de saludo que nadie había visto antes en los leones. Por supuesto, podía ser arrogante y exigente, pero si teníamos que regañarlo, verbalmente o con un manotazo, lo aceptaba y no nos guardaba ningún rencor. Se daba cuenta perfectamente de cuándo estábamos disgustados con él y, si le parecía que se lo merecía, hacía esfuerzos evidentes, y por lo general con éxito, por ganársenos de nuevo.

Christian no era nada agresivo ni posesivo con su comida, lo cual indicaba que, en cierto sentido, era un león excepcional. No tenía otros animales con los cuales competir, y ello, junto con la seguridad de que iba a recibir su alimento de forma regular, debió de influir en su conducta. Sin embargo, quienes sabían mucho más de leones que nosotros se quedaban estupefactos ante su actitud hacia la comida. Tenía buen apetito y, debido a su ansiedad, a veces nos quitaba la comida de las manos antes de que pudiéramos dejársela en el suelo. Pero podíamos retirársela si era necesario, incluso sacársela de la boca. Le encantaba el tuétano, pero como era incapaz de extraerlo, lo comía delicadamente de nuestros dedos.

Los leones dependen en gran medida de la boca para la comunicación y el contacto. Christian nos lamía para demostrarnos su afecto. Siempre pasaba su áspera lengua por las superficies para conocer su sabor y textura. Tenía unos afilados dientes de leche pero, aunque disfrutaba cogiéndonos las manos y los brazos con la boca, aprendió rápidamente a no mordernos. De todos modos, tenía momentos de mal humor, en los que abría la boca esperando algo con que llenarla. Las rodillas estaban a una altura que le resultaba muy cómoda. Con frecuencia, nuestra ropa resultaba dañada cuando se le enganchaban los dientes o las garras, por lo que a veces recurríamos a llevar prácticos monos de color verde botella.

Un león necesita ejercitar las garras y las fauces. Durante las primeras semanas, varias patas de mesas y de sillas de la tienda sufrieron daños. No obstante, después de recibir unos cuantos cachetes, renunció, en parte porque descubrió que podía utilizar los balaústres de la escalera; los leones son animales de costumbres. Al contrario que otros felinos, prefieren permanecer en el suelo, por lo que no saltaba de un mueble a otro.

Pero disfrutaba contemplando sus dominios desde cierta altura, así que a menudo se sentaba en mesas y cómodas. Por suerte, prefería la escalera, que le proporcionaba mayor altitud; solía sentarse con una pata colgando elegantemente por el lado. En realidad, estropeó muy pocos muebles; únicamente ocurría si resbalaba y tenía que clavar las uñas para sujetarse. Un día, de forma bastante imprudente, dispusieron primorosamente una mesa muy cara, con cubertería, vajilla, cristalería y velas en mitad de la tienda. Cuando oímos ruido de cristales rotos supimos de inmediato qué había sucedido. Desconcertado por aquel despliegue tan poco familiar, Christian había apoyado todo su peso en un extremo de la mesa y él y el tablero habían acabado en el suelo. La mesa ya estaba vendida pero ahora tenía varios y profundos arañazos. Llamamos a la mujer que la había comprado para disculparnos. «No os preocupéis —dijo—. Solo entré en la tienda para ver a Christian; comprar la mesa se me ocurrió luego. Por favor, no os preocupéis por los arañazos. Me recordarán a ese magnífico león.» Sin embargo, a lo que Christian no logró resistirse fue a atacar el colchón de una cama de bronce que tratábamos de vender. El problema no se solucionó hasta que un amigo, muy generoso, le compró un colchón para él; entusiasmado, igual que un león con su presa, lo arrastró hábilmente escalera abajo hasta el sótano, aunque era mucho más grande y pesado que él.

Tenía unas garras tremendamente afiladas y, antes de que aprendiera a retraerlas, recibimos muchos arañazos. Desarrolló un mayor control con bastante rapidez y también comprendió que, si nos arañaba, dejábamos de jugar con él. Aprendió a mantenerlas retraídas, pero si luchaba con algo como su colchón, fingiendo que era una cebra sobre la que había saltado y acababa de derribar, teníamos que recordar que, instintivamente, sacaría las garras.

Como a todos los leones, a Christian le fascinaban los niños. Parecía considerarlos una especie distinta de los adultos y reaccionaba ante ellos de manera diferente. Siempre teníamos un cuidado extremo y lo sujetábamos cuando había niños en la tienda. Un día, un fotógrafo de un periódico local le estaba haciendo una foto, sujeto con la correa delante de la Sophistocat. Una mujer, probablemente creyendo que Christian era un perro, pasó por delante de él con su hijo de dos años, también sujeto con una correa. Christian alargó una pata con curiosidad y tiró al niño al suelo. Uno de nosotros agarró al león, mientras el otro se ponía delante del fotógrafo, para impedirle hacer la clase de foto que busca siempre la prensa. El niño estaba ligeramente aturdido, pero llevaba tantas capas de ropa que era imposible que se hubiera hecho daño. Al principio, la madre se enfureció, pero cuando volvió más tarde con un montón de amigos y con otros niños para tentarlo, vimos claramente que se había recuperado rápidamente y que estaba encantada con el incidente.

Christian crecía muy rápidamente. Al cabo de dos meses, empezó a crecerle la melena y, de repente, adquirió un aspecto muy adulto. Era injusto y, probablemente imprudente, esperar que unos clientes desprevenidos pasaran por la experiencia de que un león se lanzara contra ellos desde detrás de una cómoda y les rodeara los muslos con sus enormes patas. Dejaba en paz a la mayoría de la gente pero, como muchos otros animales, identificaba instintivamente a los que tenían miedo y disfrutaba metiéndose con ellos. Evidentemente, no podíamos arriesgarnos a sufrir ningún incidente porque ninguna aseguradora estaba dispuesta a cubrir ese riesgo.

Empezamos a sentir el peso de la responsabilidad que entrañaba ser los dueños de Christian. El campo de fútbol del Chelsea estaba cerca y la policía vino a vernos para advertirnos que los días que hubiera partido no permitiéramos que Christian estuviera en el escaparate, ya que podría provocar alborotos entre los hinchas de los equipos de fútbol que pasaban por delante. Así que tuvo que permanecer mucho más tiempo en el sótano, y solo le permitíamos subir a la tienda cuando no había clientes. Se lo pasaba bien abajo ya que tenía muchas cosas para jugar, pero le molestaba no disfrutar de la libertad de subir a la tienda cuando quería. A veces, se agazapaba en la caja de la arena innecesariamente, una clara señal de que estaba listo para ir arriba. Como todos los felinos, a los leones no les importa dormir si no hay nada mejor que hacer, pero mientras estaba en el sótano lo interrumpían constantemente las visitas. Los otros miembros de Sophistocat, Joe, John y Jennifer-Mary, adoraban a Christian y él sentía el mismo afecto por ellos. Por lo general, por lo menos uno de nosotros estaba abajo, jugando con él. Cuando alguien iba a verlo lo llevábamos al sótano, donde nos resultaba fácil tener el control absoluto de la situación y, si era necesario, le impedíamos que le saltara encima. Era un león inusualmente paciente y había muy pocas personas que no le gustaran. Resultaba difícil averiguar qué le molestaba. Algunas veces, quizá era un perfume o una loción para después del afeitado demasiado fuerte; teníamos un amigo sobre el que siempre se lanzaba cuando llevaba una chaqueta en particular.

Tratamos de que Christian no se diera cuenta del control —o falta de control— que teníamos sobre él. Después de los primeros meses, le costó un tiempo sorprendentemente largo darse cuenta de que, aunque todavía podíamos cargar con él a duras penas, si forcejeaba teníamos que soltarlo de inmediato. Si jugaba demasiado violentamente con nosotros, siempre parábamos; debido a ello nunca supo que había alcanzado el punto en el que ya era más fuerte físicamente que nosotros. Para ser un león era muy obediente y, por lo general, cooperaba. Solo en raras ocasiones no hacía caso de nuestras protestas, pero cuando sucedía, era muy poco lo que podíamos hacer. La única alternativa era fingir que no nos preocupaba lo que estaba haciendo, para que no se diera cuenta de que no podíamos impedírselo. Era un juego psicológico fascinante, pero arriesgado.

Los leones expresan con mucha claridad que algo les desagrada. Con su fuerza, dientes y garras sería insensato no hacerles caso. Solo una vez, en todos los meses en los que Christian vivió en Sophistocat, llegó a asustarnos de verdad. Encontró un cinturón que se había caído de un abrigo de pieles y se lo llevó corriendo al sótano. Lo seguimos para recuperarlo. Estaba mordisqueándolo y chupándolo con evidente placer. Supimos que no renunciaría al cinturón fácilmente. Intentamos quitárselo, pero echó las orejas hacia atrás y gruñó ferozmente, como advertencia. De repente era un animal salvaje, irreconocible. Sin ninguna duda nos habría atacado si hubiéramos intentado de nuevo quitarle el cinturón. Queríamos marcharnos y dejarlo, pero en lugar de ello nos apartamos unos metros, charlando como si no hubiera pasado nada, como si nos hubiéramos olvidado del cinturón. Sabíamos que no debíamos transmitirle lo asustados que estábamos. Si percibía que su reacción había sido eficaz, podría haberse animado a repetirla. Al cabo de unos cinco minutos, su interés por el cinturón y su ira decrecieron. Pasamos las horas siguientes hablándole y jugando con él con toda normalidad. Lo respetábamos por su clara advertencia. El incidente no volvió a repetirse, pero fue un recordatorio de lo peligroso que podía llegar a ser Christian.

# 4

## *«El rey de la selva que huía de la publicidad»*

---

Cuando la alcaldesa de Kensington y Chelsea vino a Sophistocat para conocer a Christian y se inclinó para acariciarlo, la trabajada cadena emblema de su cargo osciló, tentadora, delante de él. No pudo resistirse y, alargando una enorme pata, le dio un manotazo. La cadena giró y giró alrededor del cuello de la alcaldesa, que se quedó aturdida, aunque no sufrió ningún daño. A los leones, monarcas por nacimiento, no les impresionan los símbolos de la municipalidad.

Una amplia variedad de personas conocían a Christian y algunas lo visitaban de forma regular. Una mujer se presentó en la tienda con unos caramelos de goma para el oso que le habían dicho que vivía allí. Se quedó muy decepcionada al descubrir que Christian solo era un león y, peor todavía, que no le tentaban los caramelos de goma. A las actrices Diana Rigg y Mia Farrow, clientes de Sophistocat, les encantó conocerlo y ambas volvieron para jugar con él. Como Christian recibía una publicidad considerable, varias personas acudieron a la tienda preocupadas porque estuviéramos utilizándolo como señuelo para atraer compradores, pero se tranquilizaron al ver lo feliz y sano que estaba y el afecto que sin duda sentía por nosotros.

Tener un león acabó formando parte de nuestra vida y tuvimos que aceptar el interés que despertaba. Si no estaba con nosotros, no paraban de preguntarnos por él. Teníamos que escuchar pacientemente las historias que la gente nos contaba sobre sus gatos «salvajes», mientras que otros desgranaban recuerdos de sus experiencias en África. Constantemente nos preguntaban: «¿Cuánto falta para que se convierta en un devorador de hombres?». Era imposible relacionar estas preguntas con Christian, sobre todo cuando mirábamos cómo jugaba con su mejor amiga, Unity Bevis-Jones.

Unity conoció a Christian en enero de 1970, un mes después de que lo compráramos. Se enteró de que un león vivía en Sophistocat y se apresuró a ir a la tienda. Visitaba a Christian todas las tardes y su vida giraba en torno a él. Unity pesaba tan poco que nos preocupaba que le hiciera daño sin querer, pero sabía manejarlo muy bien. Llevaba una chaqueta gruesa y un absurdo sombrero de fieltro como protección. El gorro le tapaba casi toda la cara, por lo que no nos dimos cuenta de lo atractiva que era hasta que Christian acabó comiéndoselo varias semanas más tarde.

Unity era adicta a los leones. Un día, en Roma, donde trabajaba como actriz, decidió que quería un león, aunque nunca había conocido a ninguno. Se las ingenió para convencer al zoo de Roma de que le vendieran una leona de nueve meses de edad que acababa de llegar de África y que nunca había convivido con seres humanos. A Unity no se le ocurrió que a los leones había que tenerles miedo. Cuando le entregaron a Lola en un cajón, le sorprendió que su compañera de piso se encerrara en su dormitorio y no saliera durante dos semanas. Unity opinaba que los caseros eran igualmente poco razonables; calculó que en el año y medio que Lola y ella vivieron juntas se mudaron unas veinte veces. Cuando Unity tuvo que regresar a Inglaterra, Lola fue a vivir con unos amigos cerca de Nápoles. Unity tenía una afinidad extraordinaria con Christian, lo que nos ayudó a entender cómo se las había arreglado para sostener una relación fructífera y sin accidentes con Lola en circunstancias mucho más difíciles.

Cada tarde, antes de que Unity llegara a Sophistocat, oíamos que Christian jugaba ruidosamente al fútbol con algo, normalmente un cubo de plástico. Cuando oía pasos en la escalera, dejaba de jugar, escuchaba y esperaba a ver quién era. Unity decía: «Hola, Christian, soy yo». Christian soltaba un fuerte gruñido —su saludo habitual— y subía de un salto hasta la puerta cerrada, desde donde la miraba por un pequeño agujero redondo. Para impedir que saliera disparado escalera arriba en cuanto ella abriera la puerta, Unity le pedía que se apartara para que ella entrara. Todavía muy cerca de la puerta, él le indicaba con un maullido propio de un león que no había peligro y que pasara. «No —decía ella—, no estás suficientemente lejos. Apártate más.» Después de un breve silencio, Christian gruñía, y si el gruñido sonaba lo bastante lejos a los experimentados oídos de Unity, entraba y cerraba la puerta. Entonces Christian corría a saludarla afectuosamente y, agarrándola por la chaqueta, la paseaba entusiasmado por todo el sótano.

Si estaba demasiado alborotado y no le hacía caso cuando ella le decía: «No seas bruto» o «Basta, Christian», Unity se dirigía lentamente hacia la puerta cuando él no miraba y se iba. Christian corría a la puerta y maullaba y gruñía. Oíamos cómo Unity le decía: «Eres muy malo y si no te portas bien no entraré a jugar contigo. No soy un cubo y no quiero que me trates como si lo fuera». Como disculpa, se oían algunos gruñidos afligidos, cada vez más lejos de la puerta, para demostrar a Unity que podía entrar y que él no se lanzaría escalera arriba. Reprendido, pero siempre perdonado, a partir de entonces se mostraría delicado con ella y se entretendrían con juegos y conversación durante el resto de la tarde.

Una de las características más atractivas de Christian era que tenía una relación personalizada con cada uno de nosotros; solo eran diferencias sutiles, pero sus saludos eran distintos y sus juegos y bromas también. Además, sabía exactamente qué le permitiría cada uno de nosotros. Unity nunca podía negarle nada. Con frecuencia, venía al jardín con nosotros, y sabíamos que las horas que pasaba con él en el sótano contribuían en gran medida a que fuera manso. Los animales tienen personalidad y se les puede animar a desarrollarla o a expresarla. Unity nos enseñó lo variada que era la de Christian.

Dedicábamos más tiempo y cariño a Christian de lo que ninguno de los dos había dedicado conscientemente a nada ni a nadie antes. Era un compromiso y una responsabilidad que daba a nuestras vidas un propósito que hasta entonces no habían tenido. Pasábamos los días con él y, por la noche, si queríamos salir, lo metíamos en su habitación del sótano. Uno de nosotros, a menudo los dos, lo soltábamos un rato ya de noche, aunque a horas diferentes, antes de irnos a la cama, para que corriera por la tienda. Como cerrábamos los domingos y a Christian le encantaba cambiar de ambiente, a veces lo llevábamos de excursión. Pero en Londres no hay muchos sitios donde puedas llevar a un león. Un día lo llevamos a Kensington Gardens. Le asustó aquel vasto espacio; por ello, aunque la correa era larga, se quedó junto a la valla, en busca de seguridad. Como es lógico, se reunió tanta gente a su alrededor que fue imposible volver a ir a un parque con él.

Telefoneamos a Dr. Barnardo's Home, la organización benéfica para niños con problemas, y les preguntamos si a los niños les gustaría que Christian fuera a visitarlos. La mujer con la que hablamos se quedó muy sorprendida, pero cuando le aseguramos que no era «peligroso», aceptó. Le dijimos que no era aconsejable que Christian estuviera realmente con los niños y le preguntamos si había alguna zona cerrada donde pudiera estar. Nos propuso que los niños miraran desde el interior del edificio mientras «el león pasta fuera, en la hierba».

Sin embargo, la visita de Christian fue recibida con una inesperada falta de interés. Las caritas de los pequeños se apretaron contra las ventanas durante unos minutos; luego, los niños volvieron a sus juguetes. Mientras merendábamos con ellos, Christian estaba encerrado en una habitación. Pero un niño travieso lo soltó y él vino a buscarnos. Los críos chillaron, corrieron en todas direcciones y se subieron a las sillas y a las mesas. Dejando atrás aquel caos y, probablemente, muchas pesadillas, volvimos al coche y nos llevamos al pequeño y confuso león de vuelta a Sophistocat.

Con frecuencia, nuestros amigos nos invitaban a ir a verlos con Christian, y de vez en cuando lo llevábamos. En una de esas visitas, Christian abrió la puerta de un cuarto de baño; de repente oímos un chillido y subimos corriendo. Era difícil saber quién parecía más asustado, si Christian o nuestra amiga, que estaba en la bañera. El único hogar preparado para recibir la visita de un león era el de Charles Bewick, Peter Bowen y Margot, el puma hembra. Íbamos a verlos a menudo. Christian incluso pasó allí el día de Navidad, mientras nosotros íbamos a casa de unos amigos en el campo que, específicamente, no lo habían invitado. Margot era un animal precioso, con un atractivo ronroneo, pero su comportamiento era imprevisible, por lo que resultaba difícil relajarse en su compañía. Acabó viviendo en una propiedad en el campo. Habíamos esperado, bastante ingenuamente, que Margot y Christian se hicieran amigos, ya que no conocíamos a ningún perro lo bastante fuerte para ser un adecuado compañero de juegos para él. Pero Margot era de una especie distinta, de otro sexo, tenía un año más, y mostró gran hostilidad hacia él. Por su parte, Christian fue simplemente indiferente. Para ser justos con ella, hay que reconocer que nuestro león era un intruso en su territorio. Podían estar juntos en la misma habitación, pero la única vez que él se le acercó, Margot le propinó un fuerte manotazo y le hizo un arañazo en su aterciopelada nariz. A Christian no le importó, pero tenía que salir en televisión al día siguiente.

A mediados de enero de 1970, un mes después de que lo compráramos, Thames Television se enteró de que había un león viviendo en Sophistocat e invitó a Christian a aparecer en *Magpie*, su programa magazine para niños. Solo tenía que actuar unos minutos, así que pensamos que lo aguantaría. Cogimos el coche y fuimos a los estudios de televisión en Teddington; estábamos bastante entusiasmados, pero inseguros sobre cómo se comportaría Christian. Por desgracia, tuvimos que pasar por varios ensayos antes de la actuación en directo y nos pareció que era una lástima, porque Christian se mostraba menos cooperador cada vez. Estaba confuso y deslumbrado por las luces del estudio, y le asustaban las cámaras cuando avanzaban hacia él. Le irritaba tener que pasar tanto rato sujeto con la correa, pero se mostraba más resignado que enfadado. Empezábamos a lamentar haber aceptado la invitación de *Magpie* y esperábamos, nerviosos, a que llegara la actuación en directo. Era imposible predecir qué haría Christian. Iban a entrevistar a uno de nosotros dos, que debía tratar, al mismo tiempo, de que Christian no se saliera del plano. Al parecer, resultó un gran éxito, aunque cuando parecía que estábamos retozando alegremente en el suelo del estudio, en realidad estábamos esforzándonos por impedir que Christian se escapara.

Antes de que apareciera en televisión, solo se habían interesado por Christian unos pocos periódicos. Ahora, de repente, era conocido en todas partes y despertaba mucha más curiosidad, aunque los que nos entrevistaron parecieron decepcionados porque ser dueños de un león fuera menos complicado de lo que habían esperado. Las fotos que publicaban eran siempre de Christian bostezando, con los dientes a la vista, por lo que sus bostezos parecían fieros rugidos. La publicidad era buena para Sophistocat, pero comprendimos que si continuaba debíamos controlar la selección de las fotografías, para que la imagen de Christian fuera por lo menos adecuada. Conocíamos a un fotógrafo llamado Derek Cattani que se llevaba bien con Christian y que empezó a hacer un reportaje gráfico de su vida en Londres. Si querían, los periódicos podían comprar sin ningún problema cualquiera de las fotos de Derek.

Se ponían en contacto con nosotros para utilizar a Christian en anuncios de televisión o con otros fines publicitarios.

John (izquierda) y Ace con Christian en las escaleras al piso superior.

John (izquierda), Christian y Ace, en la sala de exposición y venta de Sophistocat.

Almuerzo con la modelo Emma Breeze en el restaurante Casserole de King's Road.

**Arriba:** Christian con Mark en la peluquería Todd's en el World's End.
**Página siguiente:** En la vivienda, encima de Sophistocat.

**Izquierda:** El locutor de radio Jack de Manio trata de entrevistar a Christian para Radio 4, sin conseguir que «rugiera» para los oyentes.

**Abajo:** Christian conoce a Virginia McKenna y Bill Travers.

A la espera de clientes en Sophistocat.

Jugando al escondite en Moravian Close.

Los gastos que teníamos resultaban tan elevados para nosotros que estábamos dispuestos a ser medianamente comerciales, siempre que él no sufriera estrés ni molestias. Le gustaba salir de casa y disfrutaba con sus escasos y esporádicos «trabajos», pero en general llevaba una vida rutinaria y muy estable. Hizo una sesión fotográfica de «Nights on the Wild Side» para *Vanity Fair*, anunciando camisones. Era un trabajo fácil, porque solo tenía que tumbarse en una cama con una modelo muy guapa y dejar que lo fotografiaran. El texto decía:

¡Cuidado con los felinos devoradores de hombres! Algunos acechan a sus presas en la jungla; otros juegan a hacerse el gatito en casa, con lencería que se ajusta y se tensa con la elegancia de un felino. Nuestra lencería no está pensada para noches solitarias... póntela cuando tengas intención de lanzarte y, si él no lo hace, búscate la compañía de otro gato.

A Christian siempre le había gustado mordisquear pelo, y la modelo tenía una melena abundante. Cuando pareció que quería lanzarse sobre ella, esta se asustó mucho; incluso se le oyó decir: «¡Mi cara es mi fortuna!». Tras refrenarlo, Christian hizo un agujero con los dientes en el cobertor de piel de cabra y destrozó dos almohadas, como compensación.

Varios meses después, la compañía aérea BOAC (actualmente British Airways) se puso en contacto con nosotros. Iban a abrir una nueva ruta a África y querían que Christian apareciera muy brevemente en un acto de promoción. Fue toda una sensación y eclipsó claramente a los demás representantes africanos: palmeras y aguacates en macetas. Ganó treinta guineas, que ingresamos en su cuenta en el banco. En el boletín interno del banco aparecieron fotos de Christian abriendo su cuenta, con la leyenda: «Un cliente fuerte de Chelsea». Era una manera fácil de tranquilizar al director respecto a nuestra cuenta en descubierto. También hicimos una serie de fotos de Pascua, con Christian y seis pollitos. Fue asombrosamente manso y no hubo bajas.

Cuando tenía unos siete meses y quedaba claro que estaba dejando atrás sus días de cachorro, se produjo de repente un interés público mucho mayor y más extendido. La gente se asombraba de que siguiera siendo fácil de manejar. Los expertos del zoo de Londres y del Feline Advisory Bureau, por ejemplo, estaban estupefactos por lo domesticado que estaba Christian y por lo bien que se portaba. Ahora se le consideraba menos una novedad y más una personalidad londinense, propiedad de «dos australianos». Nos entrevistaron varios periódicos y cadenas de radio y televisión.

Jack de Manio, de *Today*, el programa matinal de la emisora de radio de la BBC, nos telefoneó para entrevistar a Christian. Le propusimos que antes fuera a Sophistocat para conocerlo, y le advertimos que, a veces, si no estaba de humor para conversar, no decía nada, un serio inconveniente tratándose de una entrevista por la radio. Como Christian todavía no había rugido, era improbable que los oyentes de Jack de Manio recibieran el regalo de su primer intento.

Nos enviaron un coche a Sophistocat a las seis y media de la mañana siguiente y nos llevaron a los tres a Boadcasting House. Cuando llegamos, el conserje nos impidió entrar en el edificio y, sin apenas mirar lo que había al extremo de la correa, dijo desafiante:

—Aquí no se permiten perros. Son las normas.

—¿Las normas se extienden a los leones? —preguntamos.

La gente no discute con los leones, así que cuando pasamos junto a él para entrar, se apartó ágilmente de un salto.

Christian estaba demasiado interesado investigando toda la parafernalia del estudio —¡tantos cordones y cables tentadores!— y mirando las caras apretadas contra las ventanas del estudio para pensar siquiera en hacer cualquier ruido leonino en su entrevista. Hablamos brevemente, en su nombre, pero el titular del *Daily Mail* del día siguiente decía: «Es tímido ante el micro. Christian fracasa en la radio».

Nos quedamos perplejos cuando, el mismo día, la BBC nos llamó a Sophistocat. Sin darnos ninguna explicación, nos preguntaron de manera cortante cuánto valía Christian. Nunca nos habíamos parado a pensar en ello. Varios días después, leímos en la columna de Charles Greville en el *Daily Mail* lo que había pasado. El titular era: «El león detrás de los barrotes de la burocracia».

Las normas de la BBC establecen que los animales que entran en el edificio deben estar asegurados, pero debido a un desliz se produjo una situación hilarante cuando unos funcionarios con cara de póquer iniciaron los trámites para contratar una póliza contra posibles daños a sus invitados, que ya se habían marchado. Y, suponemos, daños a los anfitriones, aunque tal como había quedado demostrado para entonces, el animal apenas llegó a bostezar en el estudio y mucho menos a desayunarse a Manio y su equipo... ¿Cuánto vale el rey de la jungla que huye de la publicidad? Quinientas libras, dicen los dueños.

Invariablemente, la prensa nos llamaba si un león o algún otro animal salvaje atacaba o mataba a alguien en cualquier lugar del mundo. Disfrutábamos decepcionándolos con unos informes elogiosos sobre la impecable conducta de Christian. Eran tantos los periódicos que tenían una información inexacta de Christian, que fue sorprendente que solo recibiéramos una reacción hostil. Después de que en abril de 1970 apareciera un artículo en un periódico de Estados Unidos, una mujer nos escribió una carta llena de insultos. Al final decía: «¿Qué piensan hacer cuando se cansen de él? Ya casi debe de ser adulto y, después de la vida que le han obligado a llevar, debe de estar volviéndose fiero y peligroso. Seguro que ya han hecho que le arranquen las garras y tal vez incluso los dientes, así que estoy segura de que ningún zoo lo querrá. Acaben con su triste vida y sacrifíquenlo». Quitarle las garras a Christian era algo que ni se nos había pasado por la cabeza; sin embargo, aunque estaba muy equivocada respecto a la vida que Christian llevaba con nosotros en Sophistocat, lo cierto es que compartíamos su preocupación por su futuro.

# 5

## *Una propuesta*

---

En abril de 1970, Christian se aburría. Tenía ya ocho meses y se estaba haciendo demasiado grande para Sophistocat. La vida se había vuelto repetitiva y parecía aportarle muy pocas sorpresas. Le irritaba no caber en la escalera, su lugar favorito para sentarse. Le resultaba demasiado fácil subirse a todos los muebles de la tienda, y con sus sesenta kilos pesaba lo suficiente para romper, sin querer, las lunas de los escaparates. Necesitaba más libertad, pero nosotros solo podíamos darle menos. Ahora podía causar daños graves y, si decidía portarse mal, sabíamos que no podríamos controlarlo. Mientras que antes atraía a clientes a la tienda, ahora su tamaño empezaba a espantarlos. George Lazenby, famoso por interpretar a 007, vino una tarde a visitarnos con un amigo nuestro. Christian estaba sentado en el escaparate y no pudimos convencer ni al mismísimo George para que entrara. Así que Christian pasaba la mayor parte del día en el sótano y cada vez le molestaba más cualquier restricción.

Estaba menos contento, y nosotros también. Aquella situación nos producía una tensión enorme. Teníamos una responsabilidad respecto a Christian, pero también debíamos evitar cualquier situación peligrosa. No era aconsejable esperar y ver cómo demostraría su irritación.

Ineludiblemente, teníamos que hacer frente a la cuestión de su futuro, que se cernía sobre nosotros desde el principio. Volvimos al Longleat Safari Park que, como habíamos averiguado antes de comprar a Christian, parecía ofrecer las mejores condiciones de vida para los leones en Inglaterra. Esta vez sabíamos mucho más de leones. Como era probable que Christian no tardara en ir allí, nos hablaron con orgullo de otras actividades de Longleat, lo cual fue un error. Vimos en qué negocio tan enorme se había convertido la sociedad Longleat-Chipperfield porque, además de los leones del parque, Mary Chipperfield ofrecía un servicio de alquiler de animales para las compañías de cine y televisión. Además, según parecía, algunos de los leones que vimos formaban parte de un circo itinerante. Era improbable que pudiéramos tener la seguridad de que Christian fuera introducido en una manada y viviera en el parque sin que le utilizaran para unos propósitos más claramente comerciales. Decidimos que Longleat Safari Park no era una solución satisfactoria para Christian.

Enviarlo a un zoo habría sido traicionar su confianza en nosotros y nos habría resultado difícil vivir con ello, aunque lo habría sido mucho más para él. Esperábamos encontrar a alguien que tuviera una extensa propiedad en el campo y que lo quisiera y lo cuidara igual que nosotros. Buscando otras alternativas, visitamos varios zoos privados. Quizá eran más naturales que sus homólogos de la ciudad, pero también eran más de aficionados e igualmente restrictivos e insensibles.

Una tarde, se presentó en la tienda el actor Bill Travers, acompañado por su esposa, la actriz Virginia McKenna. En 1966, habían protagonizado juntos la película *Nacida libre*, la historia de Elsa, la leona que Joy y George Adamson habían devuelto a la vida salvaje. La película, igual que el libro, había sido un gran éxito, aunque nosotros no conocíamos ni uno ni otro. Dimos por sentado que era su relación con los leones lo que los había llevado a Sophistocat. Con gran decepción por nuestra parte, solo estaban buscando un escritorio de pino, pero no pudimos resistirnos a la tentación de presentarles a Christian. Se quedaron atónitos al ver que un león se acercaba corriendo a nosotros y nos saludaba cariñosamente. Les hablamos de la vida de Christian y comprendieron el problema que nos planteaba su futuro. Les encantó que lo hubiéramos «rescatado» de una jaula en Harrods, pero estaban en contra de la compra y el tráfico de animales exóticos. Después de protagonizar *Nacida libre*, se habían dedicado a producir documentales sobre la protección de los animales. Como Bill y Virginia sabían mucho más de leones que nosotros, les hicimos una cantidad interminable de preguntas. Nos sentimos halagados cuando dijeron que les gustaría volver a ver a Christian.

Unos días después, Bill entró en Sophistocat con James Hill, el director de *Nacida libre*. No teníamos ni idea de qué hacía James allí y por qué nos hacía tantas preguntas sobre Christian. Por eso nos sorprendió y nos encantó que Bill nos invitara a cenar en su casa de Leith Hill, cerca de Dorking. Dijo que le gustaría enseñarnos un documental que había hecho sobre leones que habían empezado su vida en cautividad.

Una cena con estrellas de cine. Pareció lógico que James Hill pasara a recogernos por Sophistocat en su Rolls-Royce y que, para gran asombro de los habitantes de World's End, nos llevara, con toda la pompa, a Surrey. Después de cenar, vimos *The Lions Are Free*, la película en la que Bill mostraba lo que había pasado con los leones después de que aparecieran en *Nacida libre*. Se habían utilizado veinticuatro leones; sin embargo, en clara contradicción con el argumento de la cinta, solo después de que Joy, George, Bill y Virginia libraran una larga batalla, se le permitió a George que devolviera a tres de ellos a su hábitat natural. Ninguno de los demás tendría la oportunidad de llevar una vida salvaje. En *The Lions Are Free*, Bill iba a ver a los tres leones que George había liberado con éxito y, aunque hacía tres años que no lo habían visto, se acordaron de él y lo recibieron calurosamente.

La película acababa con Virginia visitando el zoo de Whipsnade para ver a Little Elsa, una leona a la que había cobrado un afecto especial durante el rodaje de *Nacida libre*. Virginia la llamó por su nombre y Little Elsa la reconoció de inmediato y corrió a las rejas del recinto. ¿Cómo podía Virgina explicarle por qué no podían saludarse como siempre habían hecho? El paralelismo con Christian era demasiado evidente, y existía el riesgo de que en unas semanas tuviéramos que condenarlo a la misma existencia sin sentido. Al darse cuenta de lo que sentíamos, Bill sonrió y dijo: «Me parece que puedo ayudaros a solucionar el problema del futuro de Christian. Nos gustaría organizarlo todo para enviarlo en avión a África, donde George Adamson puede devolverlo a la vida salvaje».

Fue como si una pena de prisión quedara de repente anulada. Entre todos los leones nacidos en Europa, a Christian le ofrecían un indulto sin precedentes. Iba a volver al lugar donde pertenecía. Después de conocer a Christian en Sophistocat, Bill se había puesto en contacto con George Adamson en Kenia. George estaba muy interesado en el experimento de llevar un león desde Inglaterra para liberarlo en África, y estaba seguro de que tendría éxito. Bill y James harían un documental para televisión, lo que ayudaría a cubrir los considerables gastos.

No tuvieron que convencernos para que aceptáramos la propuesta de Bill y Virginia. Sin embargo, nos preocupaba que, por haber llevado una vida tan poco natural, hubiéramos «desleonizado» a Christian hasta el punto de que su adaptación a la libertad fuera imposible. Pero George había asegurado a Bill que Christian era todavía muy joven y que tendrían que pasar muchas más generaciones de leones en cautividad antes de que sus instintos quedaran afectados. George tenía la intención de crear una manada de leones, hecha por el hombre, y de incorporar a Christian a ella. Debíamos acompañarlo a Kenia y ayudarlo a que empezara a adaptarse a su nueva vida. George viviría con los leones y los alimentaría hasta que establecieran su territorio y se comportaran como una manada.

Comprendimos que no podíamos dar por sentado que Christian tuviera una vida natural larga. De media los leones viven entre dieciocho y veinte años en un zoo, pero solo sobreviven entre doce y quince, aproximadamente, en libertad. Tienen que luchar por su territorio y enfrentarse a períodos de sequía que reducen el número de presas; solo los más fuertes sobreviven. Cuando los leones cazan animales tan grandes como los búfalos, si no los matan rápidamente es fácil que resulten heridos o muertos. Y Christian, por haberse criado en Chelsea, empezaría con desventaja. Sin embargo, escaparía a una vida en cautividad, larga y segura pero absolutamente sin sentido, y tendría la oportunidad de aventurarse en su medio natural.

En el viaje de vuelta a Londres hablamos con entusiasmo de lo imprevisible que era la vida. ¿Dónde estaría Christian en ese momento si fueran otras personas quienes lo hubieran comprado en Harrods? ¿Qué habría pasado si Bill y Virginia no hubieran entrado en Sophistocat? Por casualidad, se enteraron de nuestro problema acerca del futuro de Christian y se comprometieron en él. Al comprar a Christian, habíamos añadido una nueva dimensión a nuestra vida y ahora, inesperadamente, a la suya. Siempre sería una experiencia inolvidable para nosotros, pero si Christian tuviera que pasar el resto de su vida en cautividad no podríamos recordarla sin pesar. George Adamson nos ofrecía la solución perfecta al problema que teníamos con Christian, un león que parecía elegido para un destino extraordinario. Cuando llegamos a Londres aquella noche, Christian hizo, como correspondía, su primer intento de rugido. Era un rugido inmaduro pero reconocible, y nos sentimos enormemente orgullosos.

# 6

## *El león de World's End*

Bill Travers voló a Kenia para participar en las negociaciones que ya habían empezado con el gobierno del país. Estaba seguro de que este inusual proyecto se aceptaría, pero las cosas se complicaron más de lo previsto. En principio no había ningún problema con el permiso para hacer el documental. Sería buena publicidad para Kenia y ayudaría a atraer más turismo, que todavía era la principal fuente de ingresos del país. Aunque la motivación fundamental fuera apoyar a este sector, también es cierto que la mayoría de los gobiernos africanos de aquel entonces eran cada vez más conscientes de la necesidad de conservar y proteger a los animales. En los años que han transcurrido desde entonces se ha hecho evidente que se requieren medidas todavía más urgentes, ya que se ha producido un alarmante aumento de la competencia entre el hombre y la vida natural para hacerse con unos recursos y hábitats que cada vez son más escasos. El gobierno keniata también estaba interesado en contar con un informe de los métodos de George Adamson para devolver los leones a su estado salvaje y, en particular, de documentación científica sobre este experimento tan excepcional con un león procedente de Inglaterra.

No obstante, el año anterior había habido una fuerte polémica en el país sobre la cuestión de la liberación de los leones. Uno de los animales de George Adamson había herido levemente a un niño y este desafortunado accidente había creado un contexto desfavorable para nuestras negociaciones. Algunos miembros del gobierno creían que la liberación de animales era un proyecto que valía la pena, pero otros pensaban que, debido a su anterior contacto con humanos, era probable que los leones se acercaran a la gente en las reservas de caza, lo cual podría crear situaciones peligrosas. Casi todo el mundo teme a los leones y para los africanos son un rival y un enemigo natural tradicional. Entonces, ¿para qué traer otro posible devorador de hombres de Inglaterra?

Pero al final el gobierno de Kenia aceptó conceder el permiso para que Christian fuera a Kenia, siempre que se encontrara un hábitat adecuado. La zona debería disponer de agua y caza y estar en una región donde no hubiera turistas ni existiera una posibilidad inmediata de que se desarrollara el turismo. La caza debía estar vedada y no debía haber residentes africanos ni ganado, que sería una presa fácil para los leones. Bill fue a ver varios posibles lugares mientras estaba en Kenia, pero tuvo que regresar a Inglaterra y dejar que George continuara buscando.

Entretanto, nosotros llevábamos varias semanas sin saber nada de Bill ni de Virginia. No nos atrevíamos a llamarlos, por temor a que nos dijeran que Christian ya no podía ir a Kenia. Al final, Bill llamó y nos explicó el motivo del retraso. Nos dijo que George acababa de encontrar dos zonas adecuadas y que parecía probable que el gobierno keniata diera su aprobación a cualquiera de las dos.

Bill estaba lo bastante seguro como para decidir que empezarían a rodar en Sophistocat el lunes siguiente. El documental, que se llamaría *The Lion at World's End*, sería dirigido por James Hill y empezaría con una reconstrucción del primer encuentro de Bill y Virginia con Christian; a continuación, contaría la historia tal como sucedió. El documental ayudaría a tomar conciencia de la necesidad de proteger y conservar a los animales, y Christian, debido a una suerte extraordinaria, sería el protagonista y principal beneficiario de la película.

Nuestro entusiasmo iba acompañado de una considerable dosis de temor. Después de nuestra experiencia en los estudios de televisión, cuando Christian apareció en el programa infantil, comprendimos que era imposible predecir cómo reaccionaría cuando lo filmaran. No sabíamos hasta qué punto participaríamos nosotros en el rodaje, pero como no teníamos ambiciones como actores no nos afectaba el viejo axioma del teatro: «No compitas nunca con animales ni con niños».

Bill y James nos dieron instrucciones estrictas de que no cambiáramos nada en Sophistocat para el rodaje. Nos pidieron que no nos cortáramos el pelo y que nos vistiéramos tan llamativamente y tan «King's Road» como fuera posible; unas instrucciones que ahora lamentamos. Sin embargo, como la tienda estaría cerrada para los clientes durante un par de días, pensamos que sería un bonito detalle hacia los propietarios, tan pacientes y tolerantes, que la tienda tuviera el aspecto más elegante posible. El domingo volvimos a pintar las paredes y el suelo. Fue un gesto más bonito de lo que habíamos creído, porque era una tienda enorme y tuvimos que trabajar duro todo el día. No dejamos que Christian subiera hasta el final de la tarde, cuando la pintura del suelo ya se había secado. Todavía teníamos que acabar la última pared cuando Christian volcó el bote y salpicó pintura por todas partes. Sorprendido, dio un salto atrás, pero resbaló y se cayó. Se puso en pie con dificultad y luego echó a correr hacia el otro extremo de la tienda. Nos quedamos consternados; había marcas de patas blancas por todo el suelo negro, y Christian, que debía tener aspecto de león ante las cámaras a la mañana siguiente, se había convertido en un animal blanco irreconocible. Hasta muy entrada la noche, uno de nosotros se dedicó a repintar el suelo mientras el otro, en el sótano y armado de toallas y aguarrás, se esforzaba por limpiar a Christian, que creía que se trataba de un nuevo juego.

Al día siguiente, Sophistocat se transformó en un plató de

rodaje. Al principio, Christian estaba deslumbrado por las luces brillantes y confuso por todo aquel equipo y aquellos hombres con cámaras. No obstante, esto ayudó a que se mostrara inusualmente contenido y solo dispersara al equipo unas cuantas veces. Bill y James estaban acostumbrados a trabajar con animales, por lo que eran muy pacientes y poco exigentes. Christian, aburrido de la rutina habitual de la tienda, disfrutaba de la jornada y se mostraba tan cooperador que Bill lo describió como «un león de una sola toma». Resultó que nosotros íbamos a participar plenamente en el rodaje; por fortuna, descubrimos que si nos concentrábamos en Christian, que actuaba magníficamente bien, lográbamos olvidarnos de las cámaras por completo. Por desgracia, las pocas frases del diálogo que dijimos se doblaron después con un acento australiano muy exagerado; por lo visto, nuestras voces sonaban «demasiado inglesas».

Al día siguiente rodamos en Moravian Close, pero a Christian no le gustó tener que compartir su jardín con tanta gente, así que se mostró muy poco dispuesto a cooperar. Probablemente se debía a su fuerte instinto territorial y, aunque normalmente le encantaba correr detrás de las pelotas que le tirábamos, ese día no les hacía ningún caso. Bill y James querían filmar unas secuencias a cámara lenta, pero cuando por fin conseguíamos que Christian corriera o se moviera, volvía a quedarse parado en cuanto oía la ruidosa máquina de filmar a cámara lenta. Al final, rompiendo todas nuestras reglas, no nos quedó otra alternativa que permitirle que nos persiguiera. Para Christian aquello era irresistible; no podía creer la suerte que tenía. Pese a la ropa desgarrada, el resultado fue un día de rodaje con el que disfrutamos y que valió la pena.

Unos días después vimos las tomas realizadas durante los dos primeros días de rodaje. Christian estaba impresionante; las secuencias a cámara lenta de él corriendo y jugando eran asombrosas. Ninguno de nosotros, ni siquiera Bill o Virginia, habíamos visto nunca un león en acción a cámara lenta. Por vez primera apreciábamos realmente su fuerza, su potencia y su perfecta coordinación.

Probablemente, aquella sería la última visita de Christian al jardín, porque aunque el pastor moravo le tenía mucho cariño nos había dicho que, a su pesar, ya no podía dejar que hiciera ejercicio allí. Había sido muy tolerante, pero otras personas tenían acceso al jardín y no se podía esperar que aceptaran la exuberancia de Christian como hacíamos nosotros. Aunque es posible que también tuviera algo que ver aquella vez en la que se negó tercamente a bajarse del techo del coche del pastor. Sin embargo, cuando le dijimos que esperábamos estar en Kenia al cabo de unas semanas, se comprometió amablemente a dejar que entráramos en el jardín a las seis y media de la mañana. Tuvimos que reajustar considerablemente nuestras vidas, pero Christian encontraba su día a día en Sophistocat cada vez más monótono y frustrante. Necesitaba romper la rutina diaria con una salida por la tarde, así que el ejercicio a primera hora de la mañana tampoco le complacía a él. Bill y Virginia nos propusieron construir un recinto para Christian en el jardín de su casa en Leith Hill, y que los tres viviéramos allí hasta que nos marcháramos a Kenia.

Cuando estuvo terminado, Christian dejó King's Road y Londres para siempre. Muchos de sus amigos del World's End se reunieron para decirle adiós. Después de haber vivido varias semanas temiendo un accidente, fue un alivio dejar solo recuerdos agradables. Pero también estábamos tristes; nuestros cinco felices e irrepetibles meses con Christian en Londres habían llegado a su fin.

# 7

## *La vida en el campo*

La casa de Bill y Virginia en Leith Hill estaba rodeada de un jardín atractivo y laberíntico y, aunque se encontraba apenas a unos quince kilómetros de Londres, dominaba un valle que conservaba su belleza natural. Cuando llegamos, sus hijos y los perros estaban a salvo dentro de la casa y Christian pudo disfrutar de un anticipo de lo que sería su libertad en África. Por vez primera en su vida podía hacer exactamente lo que quería. Corría por los prados, se paraba de vez en cuando a olisquear los narcisos y se adentraba en el bosque saltando por encima de las campánulas silvestres. Era un lugar hermoso, aunque poco apropiado para un león. Constantemente volvía con nosotros, para mostrarnos lo feliz que era.

Era necesario que Christian viviera en el interior de ese recinto, pero, por fortuna, parecía gustarle mucho. El lugar medía unos cuarenta metros por veinticinco; había un árbol enorme, varios arbustos y una pintoresca caravana de gitanos.

Estaba tan entusiasmado que su primera reacción fue subirse al árbol, pero como nunca lo había hecho, no sabía cómo dar media vuelta y volver a bajar. Se limitó a esperar a que lo ayudáramos. Bill pensaba que Christian dormiría debajo de un arbusto, pero nosotros sospechábamos que preferiría hacerlo en la caravana. Nosotros estaríamos en otra caravana al lado del recinto. Era primavera, el sol brillaba y todo estaba muy tranquilo comparado con Londres.

Aquella primera noche vendimos a Christian. Se redactó un contrato entre la compañía cinematográfica que rodaba *The Lion at World's End* y nosotros. Sería un proyecto caro y, aunque era improbable que no cooperáramos plenamente, era necesario que cediéramos la propiedad de Christian a la compañía. Renunciamos a todo control legal sobre su futuro. Nos pagaron quinientas libras, pero tratamos de ver la transacción como una formalidad necesaria en interés de Christian. Sin embargo, nos sentíamos culpables, por lo que preferíamos pensar que Christian iba a convertirse en ciudadano keniata, en lugar de ser simplemente una propiedad de la compañía cinematográfica.

Christian dormía en la caravana, por supuesto. Nos recibía efusivamente cada mañana, aliviado de que no lo hubiéramos abandonado ni hubiéramos regresado a Londres durante la noche. Parecía no sentirse molesto por el cambio de ambiente y desconocía que, técnicamente, ya no éramos sus dueños.

Creíamos que nos quedaríamos en Leith Hill solo unas semanas, pero George seguía teniendo dificultades para encontrar una zona que tanto él como el gobierno keniata consideraran adecuada, ya que las dos que les había propuesto inicialmente no habían sido aprobadas. Estábamos ansiosos por llevar a Christian a África, pero nos aterraba pensar en lo poco atractivo y desolado que podía ser el lugar que finalmente cumpliera todos los requisitos. Siempre con la esperanza de marcharnos en breve, nos limitábamos a esperar mientras George continuaba buscando; las semanas iban pasando. Por suerte era verano y, en general, hacía un tiempo agradable. Pasamos días apacibles, leyendo, tomando el sol y jugando con Christian; además, venían amigos a vernos. Pero, como ambos éramos fundamentalmente urbanos, uno de nosotros iba de vez en cuando a pasar unos días a Londres.

Inesperadamente, la estancia en Leith Hill se convirtió en una fase importante en la vida de Christian. Tenía menos restricciones, una vida menos complicada y un territorio más claramente definido para vivir. Por vez primera, experimentaba el ciclo natural del día. Dormir en la caravana tan solo era un vestigio de su vida de león londinense. Solía hacer calor, por lo que durante el día estaba aletargado, pero al final de la tarde y por la noche se volvía bastante bullicioso. Después de vivir cinco meses con Christian en Sophistocat y llevarlo a dormir regularmente alrededor de las ocho y media de la noche, de repente tomamos conciencia de que los leones son animales nocturnos por naturaleza. Pasábamos la mayor parte del tiempo en el recinto, ya que parecía descontento si no estábamos con él. Sin embargo, a menudo no nos hacía ningún caso cuando estábamos dentro; pero aunque no quisiera jugar con nosotros, nos consideraba parte de su «manada» y disfrutaba de nuestra compañía. Un sistema de doble verja hacía que entrar y salir del recinto fuera seguro.

Bill y Virginia tenían tres hijos pequeños y varios perros y, desde su recinto, Christian observaba atentamente sus movimientos. Le habría encantado que lo incluyeran en sus juegos. En Sophistocat, cuando Christian tenía que permanecer en el sótano, no sabía lo que se perdía arriba. No le gustaba quedarse fuera y daba por sentado que tenía la libertad de decidir si quería participar. En Leith Hill, una valla metálica de casi siete metros le impedía unirse a la fiesta, pero no le impedía ver los tentadores juegos de los que quedaba excluido. A menos que estuviéramos con él, caminaba arriba y abajo a lo largo de la alambrada, frustrado; no tardó en dejar la marca de sus pasos en todo el recorrido. Parecía estar encerrado en una jaula que recorría una y otra vez. A pesar de la curiosidad inicial entre Christian y los perros, rápidamente perdieron ese mutuo interés. No obstante, si uno de los perros se acercaba demasiado a la cerca, Christian se agazapaba, tenso, y pegaba las orejas a la cabeza, imaginaba que era invisible, pero no tenía en cuenta su cola, que se movía debido a la tensión. Luego se lanzaba contra la alambrada y conseguía hacer huir al perro, asustado.

Esta conducta, y el número de veces que lograba acercarse cautelosamente a nosotros y casi tirarnos al suelo, demostraba que George estaba en lo cierto y que su instinto natural estaba intacto.

Mientras estábamos en Leith Hill, decidimos empezar a preparar un poco a Christian para ir a África. Comparado con otros leones que habíamos visto en el Longleat Safari Park o en los zoos, Christian era grande para su edad, pero necesitaba ser tan fuerte como fuera posible para su nueva vida. Con el ejercicio constante y la vida al aire libre tenía un aspecto incluso más saludable y continuaba creciendo rápidamente; ahora el cuerpo estaba más proporcionado con la cabeza y las patas. Atamos una cuerda a su árbol y colgamos de ella un saco lleno de paja; le encantaba atacarlo, con frecuencia alzándose de un salto desde el suelo. Era una buena práctica para Kenia y le ayudaba a desarrollar los músculos. Había aprendido a esconder las uñas cuando jugábamos con él; unas garras afiladas, de dos centímetros y medio, son un arma fundamental para un león, y atacar el saco las fortalecía y le enseñaba a usarlas con eficacia. También le cambiamos la dieta. En libertad, los leones suelen cazar por la noche y su dieta es variada. Ahora le dábamos una pequeña ración de leche y Farex por la mañana y una comida abundante por la noche. Además de carne cruda, comía carne seca, zanahorias e hígado de vaca, y a veces le dábamos la cabeza o el estómago de una ternera. Como no se había hecho publicidad de su presencia en Leith Hill, el carnicero del pueblo, desconcertado por nuestros encargos de carne, nos preguntó: «¿A qué diablos están alimentando, a un cocodrilo?». Sabiendo que vivíamos con Bill y Virginia, habría sido mucho más lógico suponer que se trataba de un león.

La nueva dieta de Christian mejoró su pelaje. Se volvió más espeso y suave, con un bello color acaramelado de león. La melena, parcialmente negra, también aumentó; se estaba convirtiendo en un león muy apuesto. Pasaba más rato limpiándose y acicalándose, aunque nunca llegó a ser tan maniático como la mayoría de los gatos domésticos. Tenía la lengua tan áspera que cuando nos lamía la cara casi sangrábamos. Ya había perdido los dientes de leche, y estrenó los nuevos destrozando varios peldaños de la escalera de la caravana.

En Leith Hill también tenía más posibilidades para expresarse y, como nosotros disponíamos de más tiempo para pasarlo con él y para apreciarlo lejos de las exigencias de la ciudad, nuestra relación se hizo todavía más profunda y afectuosa. Unity venía desde Londres varias veces a la semana para pasar el día con él, e inventaron nuevos juegos. Disfrutaba especialmente jugando a la «carretilla» con ella y se hizo un experto en dar manotazos a los tobillos y hacer la zancadilla a la gente. Tenía diversos juguetes, un neumático nuevo y varios arbustos para esconderse y jugar a los leones. Estaba contento y a nosotros nos parecía irresistiblemente divertido. Considerando su tamaño, jugaba con nosotros con mucha delicadeza y seguía siendo fácil de manejar. Cualquiera de nuestras visitas podía entrar en el recinto con él con total seguridad, excepto los niños, a los que sin querer podía tirar al suelo. Un león dispuesto a jugar a la «carretilla», además de tener cierto sentido del humor, sin duda debe querer a la raza humana.

A veces, cuando llovía, se alborotaba mucho, y entonces nos quedábamos fuera del recinto. Hubo un período difícil: cuando se dio cuenta de que le resultaba muy fácil impedir que nos fuéramos saltándonos encima y sujetándonos con sus grandes patas delanteras. Nuestros cachetes solo lo volvían más terco. Golpear a un león en una situación así exige una considerable audacia. Pero al cabo de unos días comprendió que esa conducta era contraproducente porque pasábamos menos rato con él. Decidió que era mejor continuar cooperando.

Compramos a Christian cuando era muy pequeño, y nos había costado meses forjar nuestra relación con él. Admirábamos el valor que Bill y Virginia habían tenido al actuar en *Nacida libre* y trabajar con tantos leones adultos. Para ellos, las oportunidades para desarrollar una relación parecida a la nuestra con Christian eran mucho menores. Como pronto se iría a África, no tenía sentido que Bill y Virginia le cogieran demasiado cariño, pero solían ir al recinto para verlo. Cuando estaban con él, debido a su experiencia con leones, lo manejaban muy bien.

James Hill continuaba filmando la vida de Christian en Leith Hill, aunque ponía más énfasis en los principios de lo que sería su vuelta a la vida salvaje. El león sentía una fuerte atracción por el director del documental, por lo que constantemente nos dedicábamos a impedir que le saltara encima. James insistía en que no le daba miedo, pero «no quiero que me rompa los pantalones nuevos». Parecía que llevara unos pantalones nuevos cada día de rodaje, y estaba más cómodo dirigiendo desde el exterior del recinto.

Bill decidió filmar la primera visita de Christian a una playa inglesa. A nosotros la idea no nos entusiasmaba; las tres de la madrugada es una hora poco atractiva para empezar el día y sabíamos que sería a nosotros a quienes Christian pisotearía durante los casi cien kilómetros de ida y vuelta. Ahora era demasiado grande para viajar en un coche, así que fuimos en la Dormobile de Bill y Virginia, una autocaravana. También era la primera playa inglesa que nosotros veíamos; era gris, deprimente y estaba desierta. Pero la salida del sol fue magnífica y rodamos varias secuencias de Christian y nosotros cuatro corriendo por la playa. Él no tenía ninguna intención de mojarse. Disfrutó de la salida, pero acabó cansándose de esperar atado con la correa hasta que colocaron las cámaras. Empezaba a ser imprudente irritar a un león de su tamaño, así que lo llevamos de vuelta a casa.

Christian llevaba diez semanas en Leith Hill y la vida allí empezaba a perder atractivo para él. Y también para nosotros; nuestra caravana parecía más pequeña cada día que pasaba. Habíamos tenido unos días de lluvia incesante y los constantes retrasos nos deprimían. Christian empezaba a sentirse irritado de nuevo, y la tensión que habíamos experimentado durante las últimas semanas en Sophistocat volvió. Algunas veces trepaba por la alambrada del recinto, así que añadimos un voladizo de seguridad. Esperábamos que fuera solo una manera de atraer nuestra atención, en lugar de un intento de escapar.

El 12 de agosto de 1970, Christian celebró su primer cumpleaños. Unity le hizo un pastel de cumpleaños de carne picada. Le había puesto una vela; antes de que Christian se la comiera y devorara el pastel, pedimos un deseo: que pronto estuviera en Kenia.

Christian a los diez meses en Leith Hill. Ha empezado a crecerle la melena.

**Página anterior:** Virginia McKenna, Bill Travers, Ace y John, sentados
en la caravana de gitanos de Christian, en Leith Hill.

**Arriba:** Christian jugando a la carretilla con su mejor amiga, Unity Bevis-Jones.

**Arriba:** John jugando con Christian en Leith Hill.
**Página siguiente, arriba:** John quitándole una ramita de la boca a Christian.
**Página siguiente, abajo:** John, Christian y Ace relajándose en Leith Hill.

Ace y John comprueban el estado de Christian en su jaula en el aeropuerto de Heathrow.

**Página siguiente, arriba:** Cargando la jaula de Christian en el vuelo de East African Airways a Nairobi.

**Página siguiente, abajo:** George Adamson, Bill Travers, Ace y John con Christian en el aeropuerto de Nairobi.

Ace, John y Christian en Kora.

# 8

## *Los padres de Christian*

---

Teníamos que preparar a Christian para el viaje a Kenia, ya que el largo vuelo hasta Nairobi sería una dura prueba. Iba a volar con East African Airways, y las normas exigían que viajara en una jaula en la bodega presurizada. El vuelo duraba once horas, pero como teníamos que meter a Christian en la jaula en Leith Hill, se enfrentaba a, por lo menos, quince horas de confinamiento. Cuando Bill estaba organizándolo todo con la compañía aérea, un empleado le dijo: «Parece que hay un error, señor Travers. No tendrá la intención de enviar un león de Inglaterra a África, ¿verdad? Sería como llevar arena al desierto».

Estudiamos todo lo relativo al vuelo de Christian muy cuidadosamente; telefoneamos a varios zoos y tratantes de animales para recoger información sobre los mejores sistemas para transportar, sin peligro, animales exóticos. Nuestras investigaciones nos revelaron que no había acuerdo sobre la cuestión; en realidad, ni siquiera había interés. Nos gustaría creer que actualmente la operación de transporte se lleva a cabo con más sensibilidad y preparación, pero la triste verdad es que, aunque se toman muchos cuidados con algunos animales, a la mayoría los siguen transportando por el mundo con muy poca consideración hacia su bienestar. Por ejemplo: se siguen criticando las condiciones en las que se envían las ovejas australianas a Oriente Próximo.

Algunas de las personas con las que hablamos nos aconsejaron una jaula pequeña, para que al animal le resultara imposible darse la vuelta; cuanto menos espacio, menos posibilidades tendría de moverse y hacerse daño. Hablamos con Oliver Graham-Jones, que había sido veterinario jefe en el zoo de Londres y que por aquel entonces era muy conocido por sus divulgados intentos de inseminar a Chi-Chi, la osa panda que había sido transportada desde Londres hasta Moscú y devuelta de nuevo a Londres. Nos aconsejó que sedáramos a Christian ligeramente, añadiendo un tranquilizante a la comida; de ese modo reduciríamos cualquier estrés. Probablemente nuestro león dormiría la mayor parte del viaje. Decidimos encargar una jaula lo bastante grande para que pudiera sentarse erguido y darse la vuelta, con barrotes en uno de los lados y un panel deslizante en el otro. Pedimos específicamente que no hubiera superficies rugosas ni bordes afilados con los que pudiera hacerse daño.

Cuando nos entregaron la jaula la metimos en su recinto

para que se familiarizara con ella. Le dábamos de comer dentro y cerrábamos la caravana por la noche, para ver si se animaba a dormir en la jaula. Cada día lo encerrábamos en la jaula durante cortos períodos de tiempo para que el viaje no fuera un choque tan grande.

East African Airways cargaba dos libras esterlinas por cada medio kilo de peso para llevar a Christian a Kenia, así que teníamos que pesarlo. Pedimos prestada una báscula al cada vez más desconcertado carnicero y la atamos a una cuerda colgada del árbol. Le pusimos a Christian un saco vacío debajo de la barriga, lo izamos y pasamos los dos extremos del saco por el gancho de la parte inferior de la báscula. Se quedó con las patas colgando, pero no protestó. Levantarlo fue todo un esfuerzo para Bill y para nosotros, por lo que no nos sorprendió descubrir que pesaba setenta y dos kilos. También era necesario que un profesional extendiera un certificado de buena salud. El veterinario que examinó a Christian le inoculó Catovac como medida de protección contra las enfermedades a las que no sería inmune en África.

Siempre habíamos querido ver a los padres de Christian en el zoo de Ilfracombe, en Devon y, debido al retraso que nos obligaba a permanecer en Leith Hill, ahora teníamos la oportunidad de visitarlos. El zoo era muy parecido a las numerosas pequeñas instalaciones de este tipo que estaban diseminadas por toda Inglaterra en aquella época, la mayoría de las cuales ya han sido cerradas. Ilfracombe es un lugar popular de veraneo y había chalets junto al zoo. El ambiente de parque de atracciones era bastante hortera, y en las jaulas, deprimentemente pequeñas y rudimentarias, había chimpancés, llamas, pájaros, incluso algunos canguros de aspecto zarrapastroso. Los leones eran la atracción estrella. Los padres de Christian, Butch y Mary, eran los leones más espléndidos que habíamos visto nunca. Pese a sus limitadas condiciones de vida, tenían un aspecto sano. A diferencia de los leones que viven en libertad y que descansan entre caza y caza hasta que vuelven a tener hambre, a Butch y a Mary los alimentaban cada día, para evitar que rugieran por la noche y molestaran a los veraneantes de los chalets contiguos. Christian se parecía mucho a su magnífico padre, que tenía tres años y exhibía una abundante melena. Sus progenitores eran una pareja cariñosa, pero recorrían incesantemente el suelo de cemento de su pequeña jaula. El propietario del zoo estaba dispuesto a venderlos por quinientas libras, pero no nos atrevimos a preguntarle a Bill si también Butch y Mary podían ir con nosotros a Kenia.

Preguntamos al dueño por las hermanas de Christian y nos dio el nombre del comerciante al que se las había vendido. Nos pusimos en contacto con él, pero como en 1969 vendió cincuenta y ocho cachorros de león y no llevaba un registro detallado, solo pudo decirnos que le parecía que las había vendido a un circo. La hermana de Christian que estuvo con él en Harrods, y a la que habían puesto el nombre de Marta, había sido comprada con un cheque sin fondos y revendida enseguida a una tercera persona desconocida. La siguiente carta, enviada a Roy Hazle, el jefe de compras de Harrods, aportaba cierta explicación:

*HM Prison\**
*Jobb Avenue*
*Brixton*
*Londres SW2*

*26 de diciembre de 1969*

Muy señor mío:

Me han dicho que usted y la señora que trabaja con usted están preocupados por el cachorro de león hembra que les compré. Deseo tranquilizarlos e informarles de que ahora está en una casa muy agradable, donde tiene una cabaña con calefacción y un jardín grande donde jugar. Dos chicas encantadoras la cuidan, ya que es la mascota de la familia, y le dan la mejor comida. Toma una docena de huevos y leche fresca cada día y mucha carne; está en casa de una estrella de cine. Así que, por favor, no se preocupen por ella y dígale a la señora que la cuidaba que no podría tener un hogar mejor. Esto le dará un poco de consuelo, porque sé que la quería mucho. Así que, por favor, no se preocupen; está bien cuidada.

Atentamente,

J. R. STYLES

---

\* Prisión de Su Majestad. *(N. de la T.)*

Pese a esta carta y a los posteriores esfuerzos que hicimos por encontrar a Marta, nunca dimos con su pista.

Parece extraño que, mientras tantos perros y gatos tienen pedigrí, fuera tan difícil averiguar la historia de un león y que se guardaran tan pocos registros. Hoy en día la situación ha cambiado por completo, ya que prácticamente solo sobreviven los principales zoos nacionales y, para proteger la reserva genética, es necesario llevar un registro preciso de cada animal. A Butch lo habían comprado al zoo de Rotterdam y quizá estuviera emparentado con Elsa, porque Joy y George Adamson habían enviado a las hermanas de Elsa a Rotterdam, desde Kenia, en 1956. La historia de la familia de Christian era deprimentemente habitual en los animales en cautividad, y nosotros, al comprar a Christian, habíamos colaborado sin ser conscientes de ello en que se perpetuara.

Era inevitable que comparáramos el futuro de Christian con la vida de sus padres. Libertad, en lugar de cemento, rejas y aburrimiento. Ninguno de los dos había visto un zoo donde nos pareciera que los animales estaban encerrados adecuadamente y fueran felices. Los zoos deberían controlarse constantemente y deberían mantener ciertos niveles. No obstante, pensamos que estar en contra de los zoos es poco realista, dado que actualmente se realizan en ellos investigaciones científicas y genéticas de incalculable valor, que garantizarán la conservación de especies en peligro de extinción. Se han salvado animales como el oryx de Arabia, el rinoceronte blanco de Sudáfrica y el rinoceronte negro de Kenia y Tanzania, que casi se habían extinguido en su hábitat natural.

Christian había despertado en nosotros un sentimiento de responsabilidad hacia todos los animales. Bill y Virginia decían que su contacto con los leones durante el rodaje de *Nacida libre* había tenido una enorme influencia en su vida, y con frecuencia hablábamos con ellos de la cuestión de la conservación y protección de los animales salvajes. Comprendíamos, por vez primera, lo drásticamente miope que ha sido el hombre. Muchas de las cuestiones de las que hablamos con ellos se han vuelto más apremiantes desde entonces, con la creciente competencia entre el hombre y la fauna salvaje por los hábitats y recursos, incluidos el agua, la degradación del medio ambiente y las consecuencias del calentamiento global. Lo que ahora es incluso más evidente para nosotros es la interrelación entre el hombre y el medio natural y que cualquier solución debe ser holística.

Sentados en nuestra caravana en Leith Hill, decidimos crear el mejor zoo del mundo. Sería un ejemplo para todos los demás, proporcionaría las mejores condiciones de vida posibles en cautividad y haría accesible la información más actualizada sobre la vida animal. Expertos mundiales trabajarían conjuntamente con arquitectos y diseñadores para crear un ambiente sensible y moderno. Además de nuestros animales, que mostraríamos en unas condiciones perfectas y serían sanos y felices, ofreceríamos salas donde los zoólogos y otros especialistas darían conferencias, y salas de cine donde se proyectarían películas sobre animales en su estado natural. Tendríamos librerías y una biblioteca con libros y películas. Nuestro zoo sería un centro de investigación e información modélico y proporcionaría asesoramiento sobre la conservación y el cuidado de los animales en cautividad a personas de todo el mundo.

Empezamos a pensar cómo podríamos crear un recinto más cómodo para Christian, para que se sintiera menos limitado. ¿Por qué tantos animales de los zoos tienen que vivir en recintos y jaulas tan simétricamente monótonos, sin ninguna variedad, con un suelo de cemento, práctico pero frío, y ni rastro de imaginación en su diseño? ¿Por qué no tener recintos donde los humanos pasaran por un pasillo cerrado en el centro y los animales disfrutaran de la libertad de moverse casi completamente alrededor de ellos? Por lo menos, así habría cierta transferencia de la sensación de limitación. Al recordarlo ahora, nos alegra ver que algunas de estas ideas se han incorporado al nuevo diseño y a la construcción de algunos lugares y que el bienestar de los animales se ha convertido en prioritario. El zoo de Frankfurt, en Alemania, ha sido pionero en este campo, y en el Parque Taronga, en Sidney, se han diseñado recintos muy imaginativos.

Esperamos tanto tiempo en Leith Hill que a Christian la jaula se le quedó pequeña. Observamos que cuando estaba encerrado en ella, a veces pasaba con irritación las patas por los barrotes y que, de tanto frotarlas, las tenía en carne viva. Cuando encargamos la siguiente jaula, más grande, pedimos que pusieran los barrotes horizontales, para evitar que se hiciera daño. La empresa que hizo la jaula llevaba muchos años siendo proveedora de zoos y tratantes de animales, sin embargo nunca les habían pedido esta mejora tan evidente. A nosotros esto nos parecía una prueba de lo insensibles que eran quienes comerciaban con animales.

Después de tres meses en Leith Hill, empezamos a perder las esperanzas de que George llegara a encontrar un lugar adecuado para devolver la libertad a Christian y nos aterraba cualquier alternativa que pudiéramos vernos forzados a considerar. Nos deprimía el continuado retraso y el poco espacio que teníamos para vivir. A esas alturas, estábamos menos encandilados por las estrellas de cine, cuestionábamos cómo nos mostraba la película y temíamos que Christian se convirtiera en otro animal cualquiera de otro documental de la vida salvaje rodado por Bill Travers y Virgina McKenna. Pero la historia de Christian era única. Él era la indudable estrella de la película y nosotros éramos solo actores secundarios. Entonces, tal como había sucedido en Londres, cuando la situación parecía acercarse a un callejón sin salida, recibimos, justo a tiempo, la señal de que iba a empezar una nueva etapa en la vida de Christian. Llegó un cable de George Adamson. Christian dejaría Inglaterra con destino a Kenia al cabo de unos días.

# 9

## *«Arena al desierto»*

---

El 22 de agosto de 1970, a las tres y media de la tarde, hicimos que Christian entrara en la jaula, pero no para pasar los habituales minutos, sino para quince horas, por lo menos. Una lluvia torrencial iba a ser su último recuerdo de Inglaterra. Le dimos unos sedantes suaves, mezclados con la carne, y luego lo transportamos a la camioneta que lo llevaría al aeropuerto de Heathrow. Los leones no llevan equipaje y podíamos olvidarnos de la correa, ya que no volveríamos a usarla. Por supuesto, Unity había venido a Leith Hill para despedirse de él y prometerle, llorosa, que iría a verlo a Kenia.

Siguiendo a Bill y a Virginia, que iban en su coche, nos dirigimos al aeropuerto en la camioneta, con Christian, que estaba confuso pero no alarmado. La policía detuvo el coche donde iba el cámara por filmar sin permiso y por obstruir el tráfico cruzándose entre los demás vehículos. Pero la combinación de Virginia McKenna y un león que iba de camino a

África convencieron al sorprendido policía de que fuera indulgente, y el convoy pudo seguir adelante. En Heathrow, fuimos directamente a las pistas y aparcamos junto al avión de East African Airlines. Envolvimos la jaula con tela de arpillera para aislarla del frío durante el largo vuelo nocturno. Los tranquilizantes demostraban ser eficaces, porque Christian estaba muy relajado pese al ruido de los otros aviones y a la multitud de curiosos que se había congregado. A las cinco y media de la tarde, izaron la jaula de Christian a la pequeña bodega presurizada del avión. Fue un momento dramático e inquietante, porque todos sabíamos que había una posibilidad de que Christian muriera en la bodega, solo, en medio de los equipajes.

Salimos de Inglaterra a las siete de la tarde, con Bill y el equipo de rodaje, y con Christian en algún lugar debajo de nosotros. La única parada programada antes del aeropuerto Jomo Kenyatta, en Kenia, era París, una hora después. Nos permitieron bajar a la bodega, donde, con gran alivio por nuestra parte, encontramos a Christian adormilado y tranquilo. Decidimos que era innecesario darle más tranquilizantes, de forma que nos limitamos a meter unos trozos de carne entre los barrotes y llenar de nuevo el cuenco con agua. Pero todavía quedaba la parte más larga y agotadora del viaje.

Aterrizamos en Nairobi a las siete de la mañana. Uno da por sentado que en África, igual que en Australia o California, el tiempo siempre es soleado, pero estaba nublado y hacía frío. Aunque habíamos comprobado que no fuera la estación de las

lluvias, habíamos pasado por alto que sería invierno. Esperamos ansiosamente en la pista a que descargaran la jaula de
Christian. ¡Había sobrevivido! Su dura prueba estaba a punto de acabar, pero como ya se le había pasado el efecto de los
tranquilizantes, se le veía muy agitado. George Adamson, que
estaba allí para recibirnos, se encargó de que llevaran a Christian a un recinto para animales, donde esperó mientras pasábamos por Inmigración y Aduanas. Christian se alegró de que
lo dejaran salir de la jaula y nos saludó cariñosamente. George lo describió como «un pequeño muy guapo y afectuoso».
Aunque no tenía ninguna herida ni golpe, Christian caminaba vacilante y parecía totalmente exhausto. Tenía los ojos em-
pañados, su pelaje había perdido brillo y parecía más delgado.
Nos resultaba difícil creer que, después de todos los retrasos y
frustraciones, Christian estuviera en Kenia sin haber sufrido
ningún daño y hubiera escapado al destino de una vida en cautividad en el Reino Unido.

Por fin conocíamos a George Adamson, que había devuelto la libertad a Elsa, sabía más de leones que nadie en el mundo e introduciría a Christian en su hábitat natural. Era sorprendentemente menudo y atildado, iba vestido con un traje
de safari impecablemente limpio y planchado, tenía el pelo
gris, pulcramente cortado, y una puntiaguda barbita de chivo.
Hablaba con suavidad, pero sus penetrantes ojos azules parecían examinarnos. Tal como escribe en el prefacio a este libro,
confió en Christian de inmediato, pero no estaba tan seguro

acerca de nosotros. Solo se relajó después de pasar unos días en nuestra compañía. Era inteligente y divertido, y reconoció que estaba muy entusiasmado y ansioso por el reto de devolver la libertad a Christian.

La zona asignada por el gobierno de Kenia para este propósito estaba en Kora, cerca de Garissa, a unos cuatrocientos cincuenta kilómetros al nordeste de Nairobi. Para llegar allí, Terence Adamson, hermano de George, había abierto un último tramo de pista de unos treinta kilómetros a través de la sabana empleando mano de obra africana. Bill y George decidieron hacer el viaje en dos etapas, a fin de que en el campamento dispusieran de suficiente tiempo para prepararlo todo para nuestra llegada. También sería más fácil para Christian.

Habían ofrecido Kora porque nadie más la quería. George la describió como una zona de Kenia desolada, sin atractivo y en la que vivían pocos africanos; había moscas tse-tsé portadoras de enfermedades y en la estación de las lluvias podía ser inaccesible. La caza, aunque no era abundante, sería suficiente para Christian y el resto de los leones de la manada que George tenía intención de formar. Por el uso en exclusiva de esta tierra que nadie deseaba, la compañía cinematográfica debía pagar setecientas cincuenta libras al año.

Christian permaneció dos días en el recinto temporal del aeropuerto. Nosotros nos quedamos en Nairobi e íbamos varias veces al día, en coche, a verlo y a darle de comer. Al parecer, cuando no estábamos allí se limitaba a dormir; el vuelo parecía haberlo agotado y desorientado. Nuestras visitas atraían a gran número de africanos; nos dimos cuenta de que la mayoría no había visto nunca un león ni muchos otros animales del lugar. Hasta principios de los setenta, solo los turistas podían permitirse visitar las reservas de caza. Cada vez que Christian se acercaba a la verja del recinto, la multitud retrocedía atemorizada. Tras hablar con varios funcionarios del aeropuerto, vimos claramente que no entendían qué interés tenía tratar de devolver la libertad a un león, y mucho menos los gastos que suponía traerlo desde Inglaterra.

Visitamos el Parque Nacional de Nairobi y vimos muchos animales en su entorno natural, aunque solo estábamos a veinticuatro kilómetros de la ciudad y el hotel Hilton se divisaba perfectamente en el horizonte. Bill tuvo ocasión de enseñar a George y a otras personas las primeras secuencias de la película rodadas en Inglaterra; George se mostró particularmente interesado en las imágenes de un león rodadas por primera vez a cámara lenta.

Al final del segundo día, Christian ya se había recuperado por completo del vuelo, así que a la mañana siguiente, temprano, salimos de Nairobi en varios Land Rover para recorrer la primera etapa de nuestro viaje. Christian iba en la parte de atrás del Land Rover de George. Con gran preocupación por nuestra parte, vimos que no paraba de moverse arriba y abajo, por lo que no tardó en repelarse la nariz y la frente al frotarse contra la tela metálica que lo separaba de los asientos delanteros. Nos deteníamos a menudo para darle agua y para tratar de calmarlo; seguramente George pensaba que nos preocupábamos en exceso por nuestro mimado león. En uno de esos descansos, nos advirtió que Christian podía escapar si lo dejábamos salir del vehículo, así que nos sentimos muy orgullosos cuando, obedientemente y para sorpresa de George, volvió a subirse al coche de un salto.

Conforme avanzaba el día, la zona a nuestro alrededor se iba volviendo más árida, seca y desolada. La descripción que George nos había hecho de Kora nos había dejado abatidos, pero ahora podíamos ver cómo era la región donde viviría Christian. Recorrimos más de trescientos kilómetros y justo antes de que anocheciera llegamos a un campamento temporal, preparado por la compañía de safaris contratada para ocuparse de nosotros. Allí pasaríamos dos noches. Christian estaba exhausto y lo llevamos a un pequeño recinto que habían construido para él. Decidimos instalar allí nuestras camas, para estar con él; no tardó en subirse a una de ellas y quedarse dormido. ¡Su primera noche en tierras africanas!

En la quietud y el refrescante frescor de la noche, nos sentamos a una mesa soberbiamente preparada, donde unos africanos con vaporosos kaftanes azules y chalecos y bonetes rojos nos sirvieron una deliciosa cena de tres platos. Aquello nos pareció surrealista, pero fue una sorpresa agradable. Durante la cena, George se relajó y nos pidió que lo tuteáramos; luego nos habló de los otros leones que recuperarían su libertad junto con Christian. Para su manada formada por el hombre, George contaba ya con otros dos leones que esperaban en Naivasha. Una era Katania, una leona de cuatro meses a la que habían encontrado y habían regalado a George; se suponía que su madre había muerto. El otro era Boy, un león de siete años que había tenido una vida extraordinaria.

En 1963, cuando eran cachorros, Boy y su hermana Girl fueron abandonados o se perdieron; los encontró el sargento de primera Ryves, del regimiento de los Scots Guards, acuartelado cerca de Nairobi. Su esposa Hildegarde y sus dos hijas, Jenny y Patricia, criaron amorosamente a los cachorros, eran tan cariñosos y populares que se convirtieron en las mascotas del regimiento. Cuando este regresó al Reino Unido, incluso propusieron que Boy y Girl los acompañaran, pero por fortuna se los entregaron a Joy y a George Adamson para que los devolvieran a su hábitat natural. Pero antes de hacerlo, utilizaron a los cachorros en la película *Nacida libre*, en la que Girl hizo el papel de Elsa. La mayoría de los leones que se usaron en el rodaje se vendieron a zoos y circos, lo cual enfureció a Joy, George, Bill y Virginia y fue motivo de mucha polémica. En abril de 1965, Boy y Girl se trasladaron con George al Parque Nacional Meru.

Su vuelta a la libertad fue un éxito, pero en octubre de 1969 Joy encontró por casualidad a Boy escuálido y malherido, quizá por un búfalo. Lo operaron el doctor Tony Harthoorn y su esposa Sue, veterinarios expertos en animales salvajes; durante la complicada intervención, le pusieron un clavo de acero en una pata. Joy y George lo cuidaron durante nueve meses en Naivasha. Fue una afortunada coincidencia que Bill se pusiera en contacto con George para hablarle de Christian cuando Boy estaba prácticamente a punto para que volvieran a soltarlo. George dejaría el campamento unos días después para ir a recoger a Boy y a Katania a Naivasha.

A la mañana siguiente, Christian dio su primer paseo en África. Simbólicamente, le quitamos el collar, que quedaría descartado para siempre, y lo seguimos con Bill y George. Era un terreno desnudo y sin ningún relieve, donde solo parecían sobrevivir los espinos. Christian, que parecía tan grande en la tienda de muebles de Londres, quedaba empequeñecido por lo que le rodeaba. Hacía muchísimo calor y se limitaba a caminar despacio, asimilándolo todo. Instintivamente, sabía quitarse con los dientes los pinchos que se le clavaban en sus tiernas patas, y nos dimos cuenta de que el color de su pelaje era un camuflaje natural. Estaba claro que aquel era el medio al que pertenecía.

Dado que era una región sin agua, pensábamos que no era probable que viéramos otros animales, pero al final de la tarde, un gombi extraviado, una especie de vaca doméstica africana, se acercó al campamento. Debía de haberse separado del rebaño para buscar agua o comida. Christian lo vio y enseguida empezó a acecharlo. El animal tenía unos cuernos enormes y afilados y George nos advirtió que detuviéramos a Christian, porque era tan inexperto que podría resultar herido fácilmente.

Como no nos hacía caso, George fue corriendo a buscar su Land Rover y lo puso entre Christian y el gombi, que entonces huyó. Antes de que Christian pudiera seguirlo, los dos lo agarramos para meterlo en el vehículo. Por segunda vez en su vida, gruñó en una advertencia aterradora; lo soltamos al momento. El gombi había desaparecido y Christian, justificadamente furioso, nos siguió a regañadientes de vuelta al campamento.

George estaba impresionado por el acecho instintivamente perfecto de Christian. Nos explicó que había descrito un amplio semicírculo, manteniéndose al amparo de los matorrales. Se había colocado correctamente para que el viento no llevara su olor al gombi y lo alertara. George dijo: «No tendremos ningún problema para adaptar al joven Christian a la vida salvaje». Y, de nuevo, nos sentimos muy orgullosos.

Estábamos a unos ciento treinta kilómetros de nuestro campamento definitivo en Kora. La carretera estaba llena de baches y cubierta de polvo volcánico, por lo que teníamos que conducir muy lentamente. Conforme nos acercábamos al campamento de Tana, con gran alivio por nuestra parte, el terreno se volvió un poco más fértil y variado. Entre otros animales, vimos elefantes, antílopes de agua y algunas jirafas; en ese momento, África empezó a cobrar vida para nosotros. Pasamos por un pueblo cuyos habitantes vestían simples trozos de tela, collares y brazaletes. Eran los primeros africanos que veíamos que parecían vivir como lo habían hecho durante siglos y que no llevaban los aburridos trajes occidentales.

Durante los últimos treinta kilómetros tuvimos que recurrir a menudo a la tracción en las cuatro ruedas de los Land Rover, sobre todo al cruzar los arenosos lechos de los ríos. Estaba claro por qué aquella zona resultaba a veces inaccesible durante la estación de las lluvias. Llegamos al final de la tarde y nos encontramos con que el campamento estaba situado en un lugar inesperadamente bello. Las tiendas se levantaban entre las características palmeras junto al ancho río Tana. El largo viaje de Christian había terminado; no podíamos creer que, de verdad, lo hubiéramos llevado al sitio donde iba a vivir. Sin duda le esperaban muchos retos, como encontrarse con los otros leones... y simplemente sobrevivir.

George se marchó al día siguiente a Naivasha, a recoger a los otros leones. Estuvo fuera varios días. Nos mimaban a conciencia; nuestras tiendas eran cómodas y sin insectos; cocinaban para nosotros; nos preparaban duchas calientes, y nos lavaban la ropa y, no sabíamos cómo, incluso la planchaban. Christian tenía un recinto cerca de las tiendas para dormir por la noche. Pero los africanos de la compañía de safaris estaban aterrorizados, y si él les gastaba bromas con demasiada frecuencia, teníamos que mantenerlo dentro del recinto también durante el día. Debido al calor, todos estábamos aletargados. Christian se comportaba como el peor de los turistas: evitaba el sol y se tumbaba en las camas del campamento en cuanto tenía ocasión. Probablemente añoraba el tiempo más fresco de Inglaterra.

A primera hora de la mañana, antes de que hiciera demasiado calor, o al final de la tarde, íbamos a dar un paseo con Christian. Nunca olvidaremos la libertad de poder pasear libremente con él después de los ocho meses pasados en Inglaterra, limitado por las restricciones que le imponíamos. Con aire dominante, se adelantaba a nosotros; siempre quería ir delante. Pero era fácil dirigirlo y no mostraba ninguna inclinación a marcharse por ahí él solo. Por suerte, en nuestros paseos no tropezamos con otros animales; después de nuestra experiencia con el gombi, sabíamos que no podríamos retenerlo. Si íbamos a nadar, él se sentaba a la sombra y miraba. Le fascinaban los babuinos que le gritaban desde el otro lado del río y observaba a los hipopótamos que emergían de vez en cuando, y a los cocodrilos que se metían amenazadoramente en el agua siempre que nosotros aparecíamos.

El rodaje continuaba de forma intermitente y, para sorpresa de todos, los «australianos de King's Road» se adaptaban mucho más fácilmente a África que el equipo de filmación inglés. Estábamos acostumbrados al calor y no nos quemábamos; sabíamos conducir los vehículos y teníamos buen sentido de la orientación; adorábamos la sabana, nadábamos en el río y, por supuesto, demostrábamos que nos sentíamos cómodos y seguros con los leones.

En muchos sentidos, Christian parecía un principiante que tenía mucho que aprender. Con sus enormes patas, era bastante torpe e incapaz de trepar a las rocas y, con frecuencia, teníamos que mostrarle la manera de hacerlo o ayudarlo. Por primera vez en su vida no dependía por completo de nosotros para divertirse, pero nos preocupaba un poco su falta de interés en investigar nada por sí mismo. Sabíamos que podía sacarse él solo las espinas que se le clavaban en las patas, pero a menudo parecía impotente y esperaba que nosotros lo hiciéramos. Todavía tenía las almohadillas blandas y, debido a los largos paseos y a las espinas, las tenía en carne viva, aunque pronto empezaron a endurecérsele.

Estaba contento y libre, y se mostraba muy cariñoso con nosotros. Aunque ya era un animal grande, a veces todavía nos saltaba espontáneamente a los brazos, un gesto de afecto con el que siempre estaba a punto de tirarnos al suelo. No tardarían en llegar otros leones y esperábamos que hicieran que su vida fuera más completa.

# 10

# Un león entre leones

Mientras George iba a Naivasha a recoger a Boy y a Katania y nosotros permanecíamos junto al río, Terence Adamson construía un campamento permanente para George en un lugar mucho menos atractivo, a varios kilómetros del río Tana. El objetivo era desalentar a los leones de cruzar a nado el río, infestado de cocodrilos, para pasar al otro lado, que era una «zona de caza», donde los hombres pagaban una licencia para cazar animales específicos y donde había un peligro real de que los mataran. George tenía intención de quedarse en Kora al menos dos años, lo que le daría el tiempo necesario para formar una manada, y a los leones les permitiría establecer su territorio y aprender a vivir de forma independiente. Este segundo campamento tenía varias cabañas y tiendas dentro de dos grandes recintos cercados con alambradas.

Al cabo de unos días, George llegó con Boy y Katania y los llevó directamente a su campamento. En dos días se habían recuperado por completo de su largo viaje; había llegado el momento de que Christian conociera a sus primeros leones africanos. La prueba inicial de su paso a la libertad era que fuera capaz de adaptarse a vivir con otros leones y comprobar que su relación con los humanos no le había privado de esa capacidad. George explicó que presentaría a Christian de forma gradual, quizá serían necesarias semanas o meses. Quería vivir con Christian en uno de los recintos, separado por una alta y sólida alambrada de Boy y Katania, que estarían en el otro. Al vivir tan cerca, se irían familiarizando los unos con los otros y, al final, podríamos presentarlos directamente. La compatibilidad no se puede adivinar en ninguna relación, humana o animal, y menos entre Christian y Boy, debido a la diferencia de edad y a que los dos eran machos.

Inseguros de lo que iba a suceder, ansiosos, pero también temerosos, llevamos a Christian, que no sospechaba nada, al campamento de George. Nos siguió al interior del primer recinto; en el otro, vimos a Katania y a Boy. Katania era diminuta y una preciosidad, pero a quien no podíamos quitar los ojos de encima era a Boy. Era enorme, impresionante, y permanecía inmóvil, con la mirada fija en Christian, que se dio cuenta inmediatamente de su presencia pero ni siquiera quiso mirarlo, comprensiblemente confuso y asustado. Fuimos hacia Bill y George, que estaban a unos metros de la alambrada divisoria. Christian se mostraba reacio a seguirnos, pero finalmente lo hizo, aunque sin mirar a Boy. Apabullado, se agachó detrás de nosotros, apretado contra nuestras piernas. Katania percibía lo que iba a pasar y, sabiamente, se mantenía alejada. De repente, con un rugido ensordecedor, Boy se lanzó ferozmente contra Christian. Bajo su peso, la alambrada cedió ligeramente y todos echamos a correr. El pobre Christian se quedó donde estaba, pero se encogió y gruñó. Momentáneamente satisfecho, Boy se alejó. Christian estaba conmocionado y necesitaba que lo consoláramos. Se apoyaba en nuestras piernas y se nos sentaba encima de los pies, para que no lo abandonáramos. Evidentemente, para él había sido un choque descubrir que no era el único león del mundo y, peor todavía, que el primero que veía era por lo menos el doble de grande que él. Nos quedamos a unos metros de la alambrada durante media hora. Con aire indiferente, Boy vigilaba a Christian, que tan pronto se sentaba encima de nosotros como se escondía detrás de nuestras piernas, fingiendo que estaba dormido. Boy cargó varias veces más contra Christian, que cada vez se agachaba y gruñía.

Una vez realizada la presentación inicial, nos alejamos de la alambrada. Boy se había comportado como era previsible, porque como león adulto exigía la sumisión de Christian, pero George observó que también Christian había actuado previsible y correctamente, agachándose y mostrando respeto a un macho de más edad. Christian estuvo muy nervioso todo el día y, aunque no le quitaba la vista de encima a Boy, no se apartaba de nosotros, lejos de la alambrada. Aquella noche le pusimos una cama entre las nuestras, pero nuestro sueño se vio interrumpido por los poderosos e inquietantes rugidos de Boy, que asustaban tanto a Christian como a nosotros.

Christian pasó la mayor parte del día siguiente en la cama de George, aunque era libre de abandonar el recinto si quería. Estábamos bastante preocupados por él, ya que al parecer estaba demasiado cómodo en la cama y no parecía sentir ningún interés por Boy o Katania. De vez en cuando lanzaba una fría ojeada hacia el otro recinto. Pero al final de la tarde avanzó hasta quedarse a unos metros de la valla divisoria. Katania se acercó y se puso a coquetear con él. Christian estaba claramente interesado, pero no dio un paso más. Boy cargó contra él y, de nuevo, Christian se encogió. Luego, con aire indiferente, se retiró y volvió hacia nosotros. Sentimos que había dado un paso importante.

A la mañana siguiente, George construyó una pequeña trampilla entre los dos recintos para que Katania pudiera estar con Boy o con Christian. La presentación crucial sería entre los dos machos, pero Katania podía ser un vínculo útil. Con cautela, la leona pasó por la trampilla dos veces, pero, claro, Christian estaba durmiendo en una cama y no la vio. De nuevo nos preocupó su falta de interés por comunicarse con los otros leones. Actuaba como si no existieran, pero notábamos que era perfectamente consciente de sus movimientos.

Más tarde, lo llevamos a dar un paseo y pareció aliviado de alejarse de Boy y Katania. El campo se extendía, interminable, solo interrumpido por algunos afloramientos rocosos. George había elegido el lugar donde instalar el campamento por diversas razones, pero Kora Rock, el mayor grupo de rocas que dominaba el campamento, era ideal para que los leones lo usaran como punto de observación. Comparada con el río Tana, era una zona poco atractiva, pero seguía siendo hermosa, con varios tonos de gris y marrón, y pinceladas de verde alrededor de las charcas secas. Árida y cubierta principalmente de espinos bajos y espesos, era un lugar duro para que los leones vivieran en él. Christian había llegado a lo que podría describirse como otro World's End, otro fin del mundo.

De vuelta al campamento, incordió jugetonamente a los hombres que construían las cabañas: mordió unos cuantos culos y rodillas y se lanzó encima de cualquier cosa que llevaran. Los africanos se adaptaban a Christian, pero seguían desconfiando de él, pues los leones son sus enemigos tradicionales. A George le pareció interesante que Christian, a diferencia de la mayoría de los leones, no mostrara ningún prejuicio contra el color. Boy, que aceptaba a los europeos, gruñía con fiereza cada vez que un africano se acercaba demasiado a su recinto, pero Christian no hacía esta distinción y nos proporcionó diversión durante toda la tarde. Parecía una caricatura de león.

Más animado, Christian empezó a mostrarse provocativo respecto a Boy. Centró su atención por completo en él y un poco después fue atrevidamente hasta la alambrada y se tumbó. Boy cargó contra él y Christian dio media vuelta y huyó.

Pero volvió unos minutos después; parecía estar tomándole el pelo a Boy, que se indignó por su insolencia y cargó de nuevo. Christian llegó incluso a meter la cabeza por la trampilla de Katania, pero se retiró apresuradamente en cuanto Boy lo vio. Tal vez se había cansado de no tener ningún contacto con ellos; sin embargo, extrañamente, parecía que le resultaba más natural estar con humanos que con leones. No cabía duda de que nosotros lo apreciábamos más.

Al día siguiente, George decidió que era hora de que Christian conociera a Katania, que después de sus primeros intentos de exploración se había mostrado poco dispuesta a dejar a Boy y pasar por la trampilla para acercarse a Christian. Era poco habitual que un león adulto y una leona de cuatro meses de edad tuvieran una relación tan fuerte y afectuosa —en una manada el león adulto tiene poco contacto con los cachorros—, pero desde que vivieron juntos en Naivasha, y probablemente a su pesar, a Boy le habían asignado el papel de sustituto materno.

George sacó a Boy de su recinto, y Christian, a salvo al otro lado de la alambrada, empezó a acecharlo cuando pasaba. Boy se lanzó contra la valla, pero sus cargas parecían menos convincentes, por lo que sospechamos que estaba empezando a hartarse de aquella obligada exhibición de autoridad. Fue interesante ver que, esta vez, cuando Boy cargó, Christian gruñó como de costumbre pero por vez primera se puso patas arriba; el gesto de sumisión del león más joven que Boy exigía.

Con Boy fuera, podíamos hacer entrar a Christian en el recinto por una verja. Fue hasta el otro extremo, donde Katania iba arriba y abajo, angustiada porque la habían separado de Boy. Christian se le acercó, seguro de sí mismo, e intercambiaron un tierno saludo rozándose las cabezas suavemente. Estaba intrigado y la lamía y olía continuamente. Desde fuera, Boy observaba celoso, pero después de una carga inicial contra la alambrada, para demostrar su desaprobación, pareció resignarse.

Christian y Katania jugaban juntos, y él, aunque era mucho más grande que ella, se mostraba muy delicado. Katania chilló en las pocas ocasiones en las que fue demasiado rudo. Él la seguía dándole manotazos en las patas traseras y haciéndole la zancadilla. Era un juego que Unity y él habían inventado en Leith Hill. Christian estaba encantado de tener un león con el que jugar; más tarde, incluso nos pareció que se mostraba muy orgulloso de sí mismo y nos trataba con displicencia.

Trajeron a Boy a nuestro recinto y Katania pasó por la trampilla para saludarlo. Después de olerla, hizo una mueca enseñando los dientes para mostrar su desagrado por el olor de Christian, pero habíamos dado otro paso. No estábamos nada tranquilos con que Boy pasara la noche en nuestra zona, con nosotros, ya que no habíamos sido presentados. Para horror nuestro, decidió dormir en nuestra tienda, pero no nos atrevimos a protestar. La verdad era que nos ponía nerviosos. No lo conocíamos y él tampoco a nosotros. Íbamos asociados a

Christian, que, como macho joven, debía de parecerle una amenaza. En varias ocasiones nos cogió el brazo con sus enormes dientes y nos lo levantó suavemente; nos resultó muy difícil no dejarnos llevar por el pánico. Los movimientos rápidos e inesperados pueden alarmar y asustar a los leones, lo cual podía tener unas consecuencias peligrosas; tratamos de mostrarnos relajados y no demostrar miedo. Boy orinaba donde le parecía, marcando su territorio, y nosotros nos movíamos de puntillas a su alrededor. Nos parecía bastante inescrutable y, en privado, pensábamos que había sufrido demasiadas heridas, operaciones y dosis de anestesia para que su conducta fuera previsible.

Al día siguiente, George pensó que ya había pasado el tiempo suficiente para que Christian y Boy fueran presentados, sin peligro, fuera del recinto. Era un encuentro que todos estábamos esperando, pero éramos conscientes de que si los dos leones se ponían a luchar, Christian no tenía nada que hacer. La decisión fue de George, y confiábamos en su experiencia y criterio. Llevamos a Christian a Kora Rock, detrás del campamento, donde George quería que se encontraran. Bill y George llevaron a Boy y a Katania por otro camino. Boy y Katania se tumbaron a unos quince metros de Christian, que los observaba atentamente. Durante veinte minutos permanecimos allí, nerviosos, mirando y esperando. Aunque impaciente por establecer contacto con Boy, Christian percibía claramente que no era él quien debía hacer el primer movimiento.

Al final, Katania se cansó de aquella situación tan tensa, fue hacia Christian y se saludaron. Al instante, Boy se levantó y se lanzó contra él. Fue un momento aterrador, intensificado por sus rugidos y gruñidos. Christian se tumbó patas arriba con sumisión, y Boy, satisfecho, se echó a unos metros de distancia. Aunque parecía que habían luchado fieramente, con mucho movimiento de zarpas y patas, apenas había habido contacto físico, y Christian no parecía estar herido.

Después de un intervalo de unos diez minutos, Katania, que se había alejado sensatamente durante el choque entre los dos machos, volvió con Christian, lo que desató otra exhibición aterradora. Esta vez, cuando Boy se alejó, Christian se quedó tembloroso y con aspecto desdichado. Vino hasta nosotros y lo consolamos. Mientras lo llevábamos de vuelta al campamento, observamos que tenía algunos zarpazos y que cojeaba ligeramente.

Aunque era una situación planeada, habíamos presenciado un encuentro natural entre un león adulto y otro más joven. Pese a lo que sentíamos por Christian, pensamos que nos estábamos entremetiendo en la sociedad y el protocolo de los animales. Christian había sabido instintivamente cuál era su papel y, con su sumisión, había obedecido las convenciones del mundo de los leones. George comentó que Christian había mostrado un valor considerable al decidir enfrentarse a Boy y no huir de él. Era evidente que le estaba cobrando afecto a Katania, pero era la aceptación de Boy lo que deseaba ansiosamente conseguir. Para ganarla, tenía que soportar algunas formalidades, desagradables, pero necesarias.

Ahora podíamos vivir todos en el mismo recinto. Durante los días siguientes, Christian permanecía tan cerca de Boy como este le permitía. Si Christian se mostraba demasiado atrevido, Boy se lanzaba contra él, pero ahora las cargas habían perdido intensidad. Christian se fijaba, con actitud adoradora, en Boy. Incluso imitaba sus movimientos: lo seguía a todas partes, se sentaba cuando él lo hacía y se tumbaba en la misma posición. Con frecuencia, lo veíamos echado al otro lado de un recodo en el que estaba Boy; un truco hábil para acercársele más de lo que normalmente se le permitía. A veces jugaba con Katania, pero la leona era solo la segunda opción. Christian seguía siendo cariñoso con nosotros, pero era ya, definitivamente, un león entre leones.

Cada mañana, salíamos a pasear con George y los leones, hasta que ellos elegían un lugar a la sombra donde pasar las horas más calurosas del día. Christian seguía a Boy y a Katania, pero se sentaba y miraba en otra dirección siempre que Boy lo observaba. Por la tarde, encontrábamos a los tres leones juntos, pero Christian siempre estaba a unos metros de distancia; todavía no lo habían aceptado como miembro de la manada.

La convivencia entre los hombres y los leones en Kora era extraordinaria. Era un ambiente potencialmente muy peligroso, pero George lo había creado y lo controlaba con su experiencia y su conocimiento de la conducta de los leones. Varias

Christian explora el río Tana, mientras John y Ace vigilan que no haya cocodrilos.

El primer campamento junto al río Tana.

Katania, de tres meses, con Boy, que había aparecido en la película *Nacida Libre*.

**Arriba:** Christian se encuentra con Katania por primera vez.
**Página anterior:** George Adamson y Christian en Kora.

Un momento aterrador: Boy se lanza contra la alambrada, estableciendo su dominio sobre Christian.

**Página siguiente, parte inferior derecha:** El dramático primer encuentro entre Boy y Christian fuera del recinto.

**Página siguiente, parte inferior izquierda:** Por fortuna, Christian reaccionó correctamente y con sumisión y solo sufrió unos arañazos.

En el río Tana, Christian prefería saltar de roca en roca a mojarse.

veces, a lo largo de los años, sus detractores habían recelado de la confianza que tenía tanto en los leones como en los humanos, pero en general su fe estaba justificada. Algunas noches fueron absurdas, con los tres leones dentro de nuestra tienda. Mientras Katania nos mordisqueaba los dedos de los pies o nos robaba las mantas, Christian se escondía debajo de una cama y Boy soltaba unos rugidos atronadores, seguidos de una serie de gruñidos desafiantes.

Al cabo de unos días, Boy nos saludaba igual que a George y frotaba su enorme cabeza contra nosotros. Tenía un carácter aparentemente plácido pero una absoluta seguridad en su superioridad. Como sucede con la gran mayoría de los felinos, todo tenía que ser idea suya y solo hacía lo que quería hacer. El rodaje continuaba en Kora y, con frecuencia, teníamos que esperar horas hasta que Boy estaba situado adecuadamente. En cambio, a Christian solo teníamos que llevarlo al punto indicado o, simplemente, darle media vuelta para que estuviera de cara a las cámaras. Empezamos a considerar a Boy un león «maravilloso», y físicamente lo era, pero comparado con la exuberancia juvenil de Christian, parecía tener muy poca personalidad. La verdad es que nuestros elogios hacia Boy eran solo una expresión de alivio porque no nos había devorado ni a nosotros ni a Christian.

Christian llevaba ya en África varias semanas. Era más fuerte que antes, las almohadillas se le habían endurecido y se estaba convirtiendo en un león muy apuesto. Bill dijo que era el «Jean-Paul Belmondo de los leones», refiriéndose a la estrella del cine francés de aquella época. Siempre había tenido buena salud, pero un día, de repente, empezó a mostrarse apático. Creímos que quizá estuviera deprimido porque Boy se resistía a aceptarlo, pero viendo la palidez de sus encías y lo caliente que tenía el morro, George le tomó la temperatura y diagnosticó fiebre transmitida por garrapatas. Christian no estaba inmunizado contra la enfermedad, pero, afortunadamente, George lo había previsto y le inyectó la vacuna adecuada. Creía que Elsa había muerto de esta enfermedad y que, de haber tenido la vacuna entonces, podría haberla salvado. Christian estuvo muy enfermo dos días, pero después se recuperó rápidamente.

Ahora que Christian ya había sido presentado a Boy, el equipo de rodaje volvió a Inglaterra para montar la película. George nos propuso que dejáramos Kora durante un corto espacio de tiempo, para que Christian se acostumbrara a la vida sin nosotros. Decidimos visitar otras partes de Kenia y Tanzania antes de volver para despedirnos.

# *Adelante, Christian*

---

En Kenia visitamos el parque nacional Masai Mara y en Tanzania, el Serengeti, el lago Manyara y el cráter del Ngorongoro. Vimos gran variedad de animales, como ñus, cebras, antílopes, guepardos, leopardos, rebaños de elefantes y multitud de flamencos, a menudo en lugares espectaculares. Nos impresionó muchísimo el increíblemente bello cráter del Ngorongoro, donde conocimos a algunos elegantes miembros del pueblo masai, que han defendido firmemente su estilo de vida tradicional, muy unido a su ganado, y que hoy está incluso más amenazado que entonces debido a la competencia para conseguir tierra y recursos. Fue allí donde vimos nuestros primeros leones en libertad: tres cachorros y dos leonas. Aunque el turismo es un sector importante y da trabajo a muchos africanos, había algo perturbador en unos leones «salvajes» a los que no parecía preocupar la presencia de los Land Rover que los rodeaban ni de los turistas que se asomaban por las ventanillas haciendo fotos. En una reserva de caza, una mujer a la que un guía había llevado a ver la inusual imagen de un león que protegía de los buitres al búfalo que acababa de matar, dijo: «He venido a ver cómo los matan, no el cuerpo del animal muerto. Vámonos».

Las condiciones de nuestros alojamientos iban desde pasar la noche bajo una lona hasta lugares lujosos. Todos ellos eran caros y estaban llenos de turistas de mediana edad que parecían pensar que el coste de sus vacaciones en África estaría justificado solo con que vieran un león. Mientras que estos turistas estaban claramente encantados con su experiencia africana y con conocer algo más de los animales en libertad, nosotros, que habíamos llevado nuestro propio león a África, no nos sentíamos satisfechos tan fácilmente. Estábamos mal acostumbrados por las semanas pasadas en Kora, conviviendo con varios leones y viviendo una experiencia en la que era posible empaparnos de una profunda sensibilidad africana. En lugar de una exhibición de animales delante de nosotros, preferíamos ver unos pocos, de forma inesperada, o sentarnos tranquilamente junto al río Tana, horas y horas, observando al tímido antílope de agua, a los babuinos, al oryx y al elefante que por la noche se acercaban, cautelosos, a beber.

Decidimos ir a visitar a Joy Adamson a su casa, en Elsamere, a la orilla del lago Naivasha, a una hora y media en coche desde Nairobi. Antes de reinstalarse en Kora, George había estado allí, controlando cómo se recuperaba Boy de sus heridas y operaciones.

Joy Adamson nació en Austria y fue por primera vez a África en 1936. Era una mujer con mucho talento y variados intereses, con frecuencia relacionados con las ocupaciones de sus parejas. Era una excelente pintora botánica (su segundo marido, Peter Bally, era botánico), y también pintó animales, pájaros y una serie insuperable acerca de las tribus de Kenia. Muchas de sus pinturas están ahora en el Museo de Nairobi. Joy y George se conocieron en 1942 y tuvieron un matrimonio inestable que duró hasta la muerte de Joy.

Después de criar y devolver la libertad a la leona Elsa, dedicaron su vida a la conservación de animales y a devolver a varias especies a la vida salvaje. A partir de los diarios de George, Joy escribió *Nacida libre*, que fue publicado en 1960 y del que se hizo una versión cinematográfica en 1966. Ambos alcanzaron un enorme éxito en todo el mundo.

En 1961, Joy fundó la Elsa Wild Animal Appeal, ahora llamada Elsa Conservation Trust. El documental sobre el regreso de Christian y la concesión de Kora para este propósito proporcionaron a George por vez primera la independencia económica respecto de Joy y un lugar donde vivir con sus leones. A Joy le sentó mal, así que fuimos con cierto temor a Elsamere, donde, para nuestra sorpresa, los sofás estaban tapizados con pieles de león. Cuando nos atrevimos a preguntarle sobre aquello, le quitó importancia diciendo: «Hay leones buenos y leones malos».

Pese a su fama de ser una persona difícil y que se enfadaba a menudo con los demás, nos pareció razonablemente cordial. Era inteligente e interesante, y sentía curiosidad por la historia de Christian. La alivió saber que Boy se estaba recuperando de sus heridas, aunque seguía cojeando. Era escéptica sobre las posibilidades que tenía Christian de sobrevivir en libertad. «Matarán a vuestro gordo y estúpido león inglés, y también a George», dijo. Joy tenía muchas ganas de ir a Kora, pero le molestaba que la excluyeran del trabajo que se hacía allí. Pese a las enormes ganancias de *Nacida libre*, nunca había apoyado económicamente el trabajo de George. Cuando finalmente visitó Kora, estaba muy ansiosa de que la fotografiaran con Christian, pero luego declaró: «Es hora de que los humanos dejen a los leones en paz». Era el conflicto de la vida de los Adamson: el éxito de su trabajo —que los animales alcanzaran independencia y fueran autosuficientes— los convertía en superfluos.

Al igual que otras personas que aman a los animales, ella no veía un contrasentido en que sus relaciones humanas fueran con frecuencia desastrosas, ni que tuviera fama de ser dura con sus empleados africanos. Fue asesinada por uno de ellos en 1980, a raíz de una disputa salarial.

Al pasar por Nairobi, llevamos una muestra de sangre de Christian a los veterinarios Tony y Sue Harthoorn. George había acertado en su diagnóstico de la fiebre de las garrapatas y nos dijeron que había una ligera posibilidad de que recurriera. Fue una suerte que George tuviera la vacuna para combatirla.

Boy y Katania también corrían el riesgo de contraer la enfermedad, porque habían pasado de una parte de Kenia a otra.

En el largo viaje de vuelta, nos perdimos en la oscuridad y nos alarmó la aparición de lo que parecían unos guerreros casi desnudos, blandiendo lanzas, que hicieron parar el Land Rover. Creímos que era mejor detenernos, pero subimos rápidamente las ventanillas. Nos avergonzó ver que únicamente eran unos simpáticos niños africanos, con palos, que solo querían cigarrillos. En inglés nos explicaron cómo ir a Kora y a «Kampi ya Simba, donde el hombre blanco tiene leones».

Llegamos al campamento de George muy entrada la noche. Estaba preocupado por Christian, que por vez primera no había regresado, al caer la tarde, con Boy y Katania. George había estado buscándolo y llamándolo, pero no había aparecido.

No obstante, a los pocos minutos de nuestra llegada, Christian volvió corriendo al campamento. Habíamos estado fuera dos semanas y, tremendamente ansioso, se nos echó encima. George creía que seguramente había tenido la premonición de que volvíamos; estaba convencido de que los leones tenían un sexto sentido que los humanos hemos perdido o que nunca hemos tenido. Con frecuencia, cuando visitaba a los leones que ya había devuelto a su hábitat natural, llegaba al campamento desierto, pero, misteriosamente, los animales se reunían con él al cabo de pocos minutos.

Estaba claro que Christian nos había echado de menos; nos dedicaba continuos gruñidos de felicidad y nos lamía la cara. Cuando nos sentábamos, se subía a las rodillas de uno de los dos y se estiraba cuan largo era para tener por lo menos parte de su cuerpo, sus patas delanteras, encima del otro. Jugando, saltaba encima de la mesa, derribándolo todo y haciendo que comer fuera imposible; tampoco nos dejaba dormir.

Nos encantó ver que tenía buen aspecto y que George le estaba cobrando afecto y lo encontraba tan divertido como nosotros. Una noche, imprudentemente, le preparó leche en polvo, su plato favorito desde sus días en Inglaterra. Y a partir de entonces, cada noche, Christian lo seguía a todas partes, dándole manotazos en los tobillos y empujándolo con la cabeza, hasta que se rendía y le daba su leche en polvo.

Era decepcionante que Boy todavía no hubiera aceptado a Christian, aunque había habido algún progreso. George pensaba que a veces Christian parecía deprimido debido a su adoración no correspondida por Boy. Katania y él eran ya muy amigos, por lo que George creía que los celos de Boy eran la causa de que se prolongara esa continua tensión.

Nos contó un incidente que había pasado el día que nos marchamos de Kora. Estaba siguiendo a los leones en su paseo matutino cuando, muy cerca del campamento, vio un rinoceronte enorme. Boy y Katania se alejaron discretamente de él, pero con gran alarma de George, Christian empezó a dirigirse hacia el animal. Inició el acecho perfectamente y llegó a pocos metros de él, pero, de repente, el rinoceronte se volvió y, resoplando colérico ante la imprudencia de Christian, cargó contra él. Christian saltó más de dos metros en el aire, pasó por encima de un arbusto y huyó. A George le pareció divertido, pero esperaba que Christian hubiera aprendido la lección.

Boy ya había pasado varias noches fuera, intentando establecer un territorio. Eligió la dirección contraria al lugar donde se había oído rugir a un león salvaje en varias ocasiones. No obstante, era imposible que un único león adulto mantuviera él solo un territorio; por ello, George nos dijo que pensaba traer a dos leonas de la edad de Christian que habían sido capturadas después de frecuentes ataques contra ganado doméstico y a las que, sin la intervención de George, habrían matado.

Esta vez tan solo pasamos unos días con George y Christian. Cada mañana paseábamos con los leones hasta que elegían un árbol o un arbusto donde resguardarse del sol. Christian acompañaba siempre a Boy y a Katania, aunque se notaba que Boy soportaba su presencia pero no le agradaba. Por las tardes íbamos con George a buscarlos, fascinados por la manera como identificaba y seguía su rastro (las pisadas) y por su profundo conocimiento de la vida salvaje y las prácticas de supervivencia. Los leones volvían por la noche para comer. A veces George tenía que conducir muchos kilómetros hasta una zona de caza para matar un antílope de agua o algún otro animal con el fin de alimentarlos. Confiaba en que pronto fueran autosuficientes.

Nos encantaba hablar con George y sosteníamos largas conversaciones, no solo sobre los leones, sino también sobre

Australia, nuestra vida en Londres y su vida. George nació en 1906 en India, donde su padre formaba parte del ejército británico, pero se educó en Inglaterra. Había pasado la mayor parte de su vida como guarda de caza en el Servicio para la vida salvaje de Kenia. Aunque había llevado una vida solitaria, se mantenía al corriente de lo que pasaba en el mundo exterior. Desde que dejó la escuela solo había vuelto una vez a Inglaterra, por lo que estaba interesado en saber cómo había cambiado Londres con el paso de los años. Los visitantes, amigos y admiradores de todo el mundo lo mantenían informado, y también la revista *Playboy*, que leía «por las entrevistas».

Nos habló de sus comienzos como cazador y de cómo, cuando se dio cuenta de la amenaza de extinción a la que se enfrentaban muchos animales, se fue comprometiendo cada vez más en su conservación. Desde la muerte de Elsa, había dedicado su vida a devolver a los leones a su hábitat natural.

George era un apasionado de los leones, y creía que era posible alcanzar un entendimiento y una comunicación con ellos, inusuales, si no imposibles, con otros animales. Admiraba su dignidad y su enorme capacidad para sentir y confiar, y quería seguir viviendo en Kampi ya Simba hasta que los leones ya no dependieran de él. Le parecía que Boy estaba a punto de conceder a Christian la aceptación que este ansiaba y que con la llegada de los otros leones se completaría el núcleo de una manada que incluiría a Christian. Estaba seguro de que todos se adaptarían a la vida salvaje con éxito.

Debido a una serie de coincidencias extraordinarias, habíamos entregado a Christian a África y al experto en leones más inteligente y más comprensivo del mundo. Ahora Christian era libre para aprovechar la oportunidad de vivir en su hábitat natural. No podríamos haber soñado un desenlace mejor, y eso atemperaba nuestra tristeza por dejarlo. Al principio la vida sería muy difícil sin él y derramaríamos algunas lágrimas. Nos preguntábamos si volveríamos a verlo alguna vez, pero Christian, después de un viaje de varias generaciones y miles de kilómetros, había vuelto al lugar al que pertenecía.

## *12*

# *El progreso de Christian*

Varios meses después de dejar Kora y regresar a Londres, recibimos una carta de George con noticias de Christian, Boy y Katania, parte de la cual reproducimos a continuación:

*Kampi ya Simba, Kora,*
*12 de enero de 1971*

Supongo que os habréis enterado de la tragedia de la pobre Katania. El mes pasado, una noche, después de haber comido carne en abundancia, los tres leones fueron hacia el río. A la mañana siguiente no volvieron, lo cual no era raro, ya que en varias ocasiones habían estado ausentes dos o tres días, una vez incluso cinco. Fui a buscarlos dos días más tarde, pero sin éxito. A primera hora del día siguiente, apareció Christian, solo. Esto era un poco preocupante porque Katania y él solían quedarse juntos, mientras Boy iba a buscar hembras. No obstante, pensé que seguramente estaría con Boy. A la mañana siguiente, llegó Boy, solo.

Ahora sí que había motivos para que me alarmara, y Christian parecía tan preocupado como yo. Organicé una búsqueda a fondo, a pie y en Land Rover. Me llevé a Christian conmigo, andando, confiando en su olfato para que me ayudara. No fue hasta cuatro días más tarde cuando encontré las huellas de los tres leones a orillas del río Tana, a unos cinco kilómetros más abajo de donde estuvisteis antes de trasladaros a mi campamento. Estaba claro que Christian y Katania habían estado jugando, corriendo arriba y abajo por la orilla. Crucé hasta el otro lado del río, pero solo encontré el rastro de Boy. En la parte más cercana de la orilla, únicamente vi las huellas de Christian saliendo del río. Creo que Katania trató de seguir a Boy dentro del agua, pero al ser mucho más ligera y pequeña, fue arrastrada por la corriente y, antes de poder alcanzar la orilla, debió de atraparla un cocodrilo. Incluso a su edad, los leones son muy buenos nadadores y es improbable que se ahogara. Es una triste pérdida que siento profundamente, igual que Boy y Christian. La alegría los ha abandonado.

Hace dos semanas, Boy volvió a marcharse para hacer otra incursión al otro lado del río y volvió con una novia. Los oí por todo el campamento durante tres días. Una noche, mientras Boy estaba ocupado con su leona, oí que Christian gruñía cerca del borde de los matorrales, frente al campamento. A la luz de una antorcha, lo vi ante otra leona salvaje, más o menos de su edad.

Boy y Christian son ya buenos amigos. De hecho, es frecuente que Boy tome la iniciativa en el ritual de saludos y en el gesto de frotarse las cabezas. Christian ha empezado a acompañar a Boy en sus rugidos. Suenan un poco inmaduros, pero son un magnífico intento. Su voz promete ser todavía más profunda que la de Boy. Hay razones para pensar que, hace unos días, ambos se reunieron de nuevo con las leonas, que posiblemente habían cazado una presa, ya que los dos volvieron, después de tres días, con aspecto de haber comido bien y totalmente saciados. Espero ir a recoger pronto a las leonas de las que os hablé. Por la descripción que me han dado, diría que tienen catorce meses, lo cual significa que ya deben de haber tenido alguna experiencia de caza con su madre. Deberían ser un gran activo, siempre que pueda ganarme su confianza y amistad.

GEORGE ADAMSON

Bill Travers voló a Kenia poco después de que recibiéramos estas noticias de George y nos escribió a su vuelta a Inglaterra.

Queridos John y Ace:
Regresé de África el pasado fin de semana. Puedo imaginar vuestra preocupación durante las semanas anteriores y vuestras ganas de tener noticias de Christian, así que, antes de entrar en detalles de cómo le va, dejadme que os diga que está vivo y bien. No parece haber estado enfermo ni un solo día desde la fiebre de las garrapatas, cuando los dos estabais

allí. Está muy vivo, puedo asegurarlo... Como testimonio, mis pantalones caqui, que están llenos de huellas de patas por todas partes. También pesa mucho más, por encima de los noventa kilos, diría yo, aunque a veces, cuando me saludaba cariñosamente, me parecía más pesado. Estoy seguro de que ahora no podríamos levantarlo para suspenderlo de la báscula del carnicero del pueblo, como hicimos en una ocasión en Inglaterra para averiguar su peso exacto antes de volar a Kenia, ni siquiera si él nos lo permitiera. Su altura hasta el lomo es como la de cualquier león plenamente desarrollado; es incluso tan alto como Boy, que, como sabéis, es un león enorme. Pero, pese a su tamaño, sigue tan afectuoso como siempre. Ofrece a George largos saludos ceremoniales con la cabeza y lo lame con su lengua de papel de lija en cuanto pone el pie fuera de la alambrada que rodea el campamento, dentro del cual ya no se le permite entrar.

No obstante, su afecto no parece ser un obstáculo para el proceso de adaptación; de alguna extraña manera da a George el control que continuará necesitando durante los meses que se precisarán para establecer a los leones, primero como familia y luego como guardianes de su territorio.

Por cierto, noté que su pelaje parece haberse adaptado al clima más cálido y ahora es menos espeso, mucho más fino y liso, lo cual le da un aspecto más aerodinámico, más maduro y, sin ninguna duda, destaca su figura bella y atlética. Realmente, es un león magnífico y sería difícil encontrar algo que criticar en su aspecto, excepto quizá sus patas. Siguen siendo enormes. Creo que si crece lo suficiente para que parezcan normales, será sin ninguna duda el león más grande de África.

Después de que os marcharais, Boy y Christian se convirtieron en grandes amigos; de hecho, son inseparables. Cuando se dejaban caer el uno encima del otro, la pequeña Katania, que como visteis los adoraba a ambos, se transformaba en el quejoso relleno de un sándwich.

Por desgracia, como ya sabéis, esta amistad duró poco. No me entretendré en las circunstancias que nos llevan a suponer cómo murió Katania, excepto para decir que fue doblemente trágica. No solo Boy y Christian perdieron a su pequeña amiga, sino que nosotros perdimos a la única hembra de la manada de George.

No obstante, para compensar, también hay buenas noticias. Las dos leonas que George ha recogido son de la edad apropiada para Christian: unos meses más jóvenes que él. A diferencia de Christian ya son casi salvajes y, aunque demasiado jóvenes para matar, deben de haber aprendido a cazar con sus padres. También parece que conocen las estrictas reglas de la sociedad de los leones. Creo que Christian se beneficiará enormemente de su relación con ellas, ya que no puede decirse que las aceras de Chelsea y la cómoda vida campestre de nuestra casa fueran la mejor escuela para la vida que ahora empieza a vivir. Por supuesto, George está encantado, ya que es esencial tener por lo menos una hembra en la familia o manada que esperamos que, con el tiempo y con ayuda de George, llegue a formarse en la zona del río Tana y disfrute de la libertad y de una forma natural de vida.

Bien, estoy seguro de que no debe de pasar ni un solo día sin que habléis o, por lo menos, penséis en Christian, George y Boy. Solo puedo deciros que la última imagen que me llevé, cuando el coche se alejaba del campamento de George, fue la de los tres amigos, juntos para despedirse de mí, en la parte exterior de la verja de su «hogar». Una palmada, un apretón de manos y se quedaron mirando cómo mi Land Rover empezaba a dar saltos por la larga pista que me llevaría de vuelta a Nairobi y a la civilización. Miré hacia atrás tantas veces como me atreví a apartar la vista de la carretera y vi cómo Christian se frotaba contra George, que le acarició su ligera melena, y luego iba hasta Boy, para saludarlo, darle con la cabeza y sin duda provocarlo para empezar alguno de esos maravillosos y alborotados juegos de leones.

Me sentía extrañamente feliz. Creo que de no ser por George Adamson y por personas como vosotros, Christian habría acabado en unas circunstancias muy diferentes.

Os deseo lo mejor.

Un abrazo,

BILL

# 13

# El reencuentro de 1971
# en YouTube

Después de los primeros e impresionantes encuentros entre Boy y Christian y del prolongado tiempo de prueba, finalmente los dos se hicieron inseparables, en particular después de la muerte de Katania. En su autobiografía *My Pride and Joy*, publicada en 1985, George Adamson describe los primeros días pasados en Kora con Boy y Christian como «algunos de los más agradables de mi vida». No obstante, a los leones salvajes les molestó la intrusión en su territorio de Boy, Christian y las dos leonas, Monalisa y Juma, que llegaron de Maralal, al nordeste de Kenia. Como único león maduro y jefe de la manada, Boy tenía frecuentes enfrentamientos con ellos. Un día regresó al campamento con unas heridas profundas en la espalda, que George le curó en la seguridad del recinto. Los leones salvajes esperaron pacientemente en el exterior y, como no pudieron llegar a Boy, atacaron y mataron a Monalisa.

Boy parecía sufrir mucho a causa de esta última herida y

empezó a salir solo más a menudo. En cualquier caso, Juma y Christian, que se habían hecho muy amigos, se quedaron sin protección. George estaba cada vez más preocupado por el bienestar de Boy.

Pero entonces, el Orfanato del Parque de Nairobi le entregó dos leonas de dieciocho meses, a las que llamó Mona y Lisa (en memoria de Monalisa), y un alborotador macho joven llamado Supercub. Los planes de George para crear una manada autosuficiente progresaban, y Christian era parte esencial de ella.

Sin embargo, los planes de George y la incorporación de Christian a la vida en libertad sufrieron un trágico revés. El 6 de junio de 1971, Boy llevaba varios días fuera y los otros leones estaban en Kora Rock, detrás del campamento. George supo que Boy había vuelto cuando oyó que bebía en el abrevadero situado fuera del recinto del campamento. De repente, George oyó gritos que procedían de la misma dirección; cogió la escopeta, salió corriendo y vio a Stanley, su ayudante africano, entre las fauces de Boy. George gritó a Boy, que dejó caer a Stanley. Luego, mató al león de un tiro y corrió a ayudar al empleado, pero este murió casi de inmediato.

George estaba destrozado. Stanley tenía instrucciones de no salir del recinto, pero no había hecho caso de las órdenes de George y lo había pagado con la vida. George también lloraba a uno de sus leones favoritos, cuya vida había estado entretejida con la suya desde que Boy era un cachorro. El «accidente», como lo llamarían, fue noticia en todo el mundo y la policía local y el Ministerio de Caza lo investigaron a fondo. Se criticó el trabajo de George diciendo que ponía vidas en peligro y, durante un tiempo, todo el proyecto fue cuestionado. No obstante, George tenía muchos partidarios, entre ellos algunos ministros del gobierno, que apreciaban el valor que el nombre Adamson tenía para el turismo de Kenia, y le permitieron seguir en Kora.

Nosotros vivíamos en Londres y escribíamos *Un león llamado Christian*, cuya publicación estaba prevista para noviembre de 1971. Teníamos intención de volar a Kenia para ver a Christian, acompañando a un nuevo equipo de rodaje, ya que casi habían completado el segundo documental; *Christian the Lion*. En él querían incluir imágenes de nuestro reencuentro, pero cuando nos enteramos de las espantosas noticias de George, retrasamos la visita unas semanas.

Cuando llegamos a Nairobi, varias personas nos dijeron que corrían rumores de que Boy siempre había sido el más imprevisible de los leones de los Adamson, y que Stantley había sido «irrespetuoso» y descuidado con Boy en varias ocasiones.

Seguimos viaje en avión desde Nairobi. Cuando aterrizamos en la pista de tierra que Terence Adamson había abierto a unos kilómetros de Kora, George nos estaba esperando. Tenía buen aspecto, teniendo en cuenta la tragedia, y esperábamos que nuestra visita lo distrajera. Procuramos no bombardearlo con preguntas mientras nos dirigíamos en coche a Kampi ya

Simba. Aunque George no había visto a los leones desde hacía un tiempo, estos se habían presentado aquella misma mañana y ahora descansaban a la sombra, resguardados del calor. Esperamos ansiosamente en nuestro campamento, ahora mucho más cómodo, ya que era permanente. Únicamente podíamos conjeturar cómo nos recibiría Christian, pero en nuestro interior sentíamos que sería con cariño y que no nos habría olvidado.

Ace describió la reunión en una carta que envió a sus padres:

*Nairobi, 20/07/71*

Los leones estaban «acostados» a un kilómetro y medio de distancia, así que tuvimos que esperar, impacientes, varias horas hasta que hiciera menos calor y fuera más probable que se movieran. Finalmente, con el equipo de rodaje nos encaminamos hacia los leones y esperamos al pie de Kora Rock, mientras George subía a la cima para llamar a Christian. Poco después, apareció Christian en lo alto, a unos ochenta metros de nosotros. Nos miró fijamente unos segundos y luego se fue acercando lentamente para vernos mejor. No nos quitaba la vista de encima. Tenía un aspecto maravilloso y, entre las rocas, no parecía mucho más grande que cuando lo dejamos. No podíamos esperar más y lo llamamos. De inmediato, echó a correr hacia nosotros. Gruñendo, ansioso, el ENORME león nos saltó encima, pero con mucha delicadeza. Al cabo de unos instantes, tres leonas daban vueltas a nuestro alrededor; tenían la edad de Christian, pero no eran tan grandes. También se acercó Supercub, un encantador macho de cinco meses. Fue absolutamente inolvidable, claro. Christian nos mostraba su afecto exactamente igual que siempre, con todos sus viejos trucos y algunos nuevos. George está cautivado por él, al igual que todos. Es el león con mejor carácter que George ha conocido... tanto con los humanos como con otros leones. Está en unas condiciones soberbias; mucho más elegante y, debido al calor, la melena no le ha crecido mucho. Sus manchas están más difuminadas. Los dientes frontales tienen unos aterradores cuatro centímetros de marfil blanco de longitud. Era difícil adaptarse a su tamaño. Hace diez meses pesaba unos setenta y tres kilos; ahora George cree que debe de rondar los ciento treinta y seis. Le mostramos un enorme respeto y actuamos menos frívolamente con él; era un león mucho más maduro, pero seguía siendo muy divertido. Sin ninguna duda era el jefe de la manada; disfrutó mucho representando ese papel para nosotros. George está encantado con el progreso del grupo; se han convertido en una «unidad fuerte» y, al parecer, podrían empezar a matar muy pronto, lo cual suena un poco sanguinario, pero será esencial para su supervivencia.

Leer estas palabras de nuevo, tantos años después, hace que revivamos las sensaciones de aquel día: Christian tan maravilloso y tan grande y, pese a su entusiasmo, tan manso con nosotros, y las leonas dando vueltas a nuestro alrededor. Sabemos que la gente da por sentado que estábamos asustados, pero no teníamos ningún miedo de Christian; además, había corrido hasta nosotros con una expresión cariñosa que reconocimos. No conocíamos a los otros leones, pero el ambiente era tan jubiloso que Mona, Lisa, Juma y Supercub también nos saludaron cálidamente.

Cada mañana nos despertaban los rugidos de Christian; eran impresionantes para un león de dos años. Pasamos los siguientes días disfrutando de las actividades habituales del campamento de George; paseábamos con los leones por la mañana; nos sentábamos a veces con Christian a la sombra, mientras los demás dormitaban, o salíamos por la tarde a buscarlos con George. Pasadas unas semanas de la muerte de Boy, Christian se regodeaba en su posición de jefe de la manada. Dejábamos que fuera él quien dictara nuestra relación. Si quería jugar, jugábamos, y si quería ser afectuoso, le correspondíamos. En los momentos en los que éramos superfluos en su vida o una molestia, lo dejábamos en paz.

Fue divertido y un reto ir conociendo a los otros leones, que eran prácticamente salvajes y que habían llegado a Kora llenos de desconfianza hacia los humanos. Al pensar ahora en esta interacción entre los leones y los humanos, nos preguntamos si George no confiaba demasiado en todos nosotros. Un día, Christian nos llevaba de paseo cuando, de repente, se lanzó hacia los matorrales con un potente gruñido. Mona y Lisa huyeron. Debían de estar agazapadas, preparadas para saltar sobre nosotros, probablemente por diversión, pero si hubiéramos reaccionado con miedo o si nos hubieran tirado al suelo podría haber sido un encuentro muy peligroso. Nos conmovió la actitud protectora de Christian. Supercub tenía una personalidad descarada y extravertida, y Lisa era una leona muy juguetona, pero Juma y Mona eran muy tímidas. En una carta a sir William Collins, George escribió que, curiosamente, Christian, el león de Londres que más contacto había tenido con humanos, era el que hasta entonces más fácil estaba resultando devolver a la vida natural en Kora.

Kampi ya Simba estaba ahora mucho más consolidado. Terence, el hermano de George, había construido una serie de cabañas permanentes, con las paredes ingeniosamente construidas con alambrada, cubierta de arpillera y rebozada con algunas capas de cemento, y con el techo de hojas de palmera. El mayor de estos sencillos pero eficaces edificios era el comedor, en el centro del campamento, donde George tenía el radioteléfono, su único contacto con el mundo exterior. También había una antigua máquina de escribir y un revoltijo de libros, cartas, diarios y fotografías. Ahora había un generador para los congeladores, que estaban, en su mayoría, llenos de carne de camello para los leones, comprada en el pueblo más cercano, Asako, a unos cuarenta y cinco kilómetros. Hamisi, el cocinero de George, preparaba la comida para nosotros en un fuego abierto dentro de su propio recinto, a prueba de leones.

Entre los animales salvajes que había alrededor del campamento se contaban pintadas, cuervos, amistosos cálaos, varanos, algunas serpientes y escorpiones poco gratos y los buitres, siempre a la espera, que Christian espantaba constantemente de los viejos huesos que conservaba.

Aunque visitar Kampi ya Simba era una experiencia única, solo teníamos intención de quedarnos unos días, ya que cuanto menos contacto tuvieran los leones con humanos, mejor. Con frecuencia, los que iban de visita al campamento se sentían decepcionados cuando George no les permitía acercarse a sus leones, así que éramos unos privilegiados. Los leones tenían que ser autosuficientes y se les alentaba a desconfiar de los humanos; sin embargo, el recibimiento de Christian había sido maravilloso, cariñoso, inolvidable. Aquel día, todos nosotros vivimos una experiencia eufórica, tanto los leones como las personas. Una experiencia que, ahora, casi cuarenta años después, han compartido vía YouTube millones de personas en todo el mundo.

Evidentemente, estábamos tristes por dejar a Christian, pero se le veía satisfecho y todo parecía ir bien. Los leones salvajes llevaban un tiempo viviendo tranquilos y había calma en Kora. Cuando nos marchamos y nuestro pequeño avión voló alrededor del campamento, Christian y los demás leones miraron hacia arriba desde Kora Rock. Mientras uno de nosotros decía adiós a George con la mano, el otro derramaba unas lágrimas en silencio. En ese entorno, imprevisible y a menudo hostil, ¿continuaría la buena fortuna de Christian?

# 14

# El adiós definitivo en 1972

E n Londres nos mantenían informados de cualquier noticia y, en enero 1972, recibimos dos cartas de Kora. George escribía:

> He tenido mucha suerte y he encontrado un joven para ayudarme. Tony Fitzjohn, de unos veintisiete años. Un poco trotamundos, ha probado muchas ocupaciones. Muy en forma y capaz.

Al parecer, Tony había escrito a Joy Adamson pidiendo trabajo, pero ella le había aconsejado que lo intentara con George, que, en su opinión, necesitaba un ayudante joven, entusiasta y con diversas habilidades. Tony también nos escribió:

> Queridos Ace y John:
> Aunque no nos conocemos, se me ha ocurrido escribiros unas líneas. Llevo un tiempo ayudando a George y le he

cobrado tanto afecto a Christian como debíais de tenerle vosotros. Es asombroso ver cómo se ha adaptado a la vida salvaje y, sin embargo, sigue sintiendo por George el mismo cariño de siempre.

Era una noticia excelente saber que George tenía más ayuda. Decidimos volver a visitarlo aquel mismo año, más adelante. Sin embargo, otras cartas posteriores nos informaron de que la vida era muy difícil para Christian y los otros leones. Sin Boy, Christian no había podido defender él solo el territorio alrededor del campamento y un león salvaje conocido como Killer había matado al encantador Supercub.

Hasta el momento, Christian había sobrevivido a sus peleas con los leones salvajes. George nos decía que sus heridas siempre eran en las patas delanteras y los hombros, lo cual demostraba que había luchado con valentía.

Christian tuvo una pelea con un león salvaje y recibió dos profundos cortes en la pata delantera derecha. Pero no parecía muy perturbado por este encuentro y me costó mucho convencerlo de que me siguiera de vuelta al campamento, donde podría ocuparme de sus heridas.

Christian estaba demostrando ser un joven león excepcionalmente valiente en aquel entorno hostil, pero se produjeron otros incidentes que podrían haber tenido consecuencias fatales. Un día le tendió una emboscada a George y lo tiró al suelo, donde lo sujetó con las patas y le cogió la cabeza entre las fauces. No obstante, lo soltó rápidamente y George lo persiguió con un palo. Por suerte, George no resultó gravemente herido, aunque una zarpa le había hecho una herida en el brazo. Christian sabía que había «infringido las reglas», pero poco después también derribó a Tony, lo golpeó con las patas y lo arrastró cogido por la cabeza. Tony le dio un fuerte puñetazo en la nariz y Christian lo soltó de inmediato; sorprendentemente, tampoco sufrió ninguna herida grave.

Nos quedamos horrorizados al enterarnos de estos incidentes. Christian podría fácilmente haberlos matado, queriendo o sin querer. George y Tony pensaban que el adolescente Christian se sentía frustrado y solo en un territorio donde quizá nunca podría vivir o establecer una manada. Las leonas se habían apareado con los leones salvajes y, aunque eso era ideal para su incorporación a la vida natural, dejaba a Christian sin compañía. Comprendíamos la situación de Christian y valorábamos más que nunca lo privilegiados que habíamos sido en nuestra relación con él. En los ocho meses que pasó con nosotros, en Inglaterra y en circunstancias muy poco naturales, nunca había atacado a nadie. Ahora que era mayor y más fuerte, ¿cambiaría nuestra relación con él? ¿Cómo reaccionaría ante otras personas que visitaran Kora?

En agosto de 1972, más de un año después de nuestro reencuentro, preguntamos a George si podíamos ir a visitarlos a él y a Christian, y conocer a Tony. Aceptó con entusiasmo, pero nos advirtió que no podía garantizarnos que Christian estuviera por el campamento. Los leones salvajes lo habían obligado a marcharse más arriba del río Tana y a menudo pasaba semanas sin aparecer. A pesar de todo decidimos ir, ya que siempre cabía la posibilidad de que George se viera forzado a dejar Kora y quizá no tuviéramos otra oportunidad.

Tony fue a buscarnos a Nairobi. Enseguida vimos lo valioso que debía de ser en Kampi ya Simba y comprendimos por qué a George le caía tan bien. Es extraordinario pensar que hoy, tantos años después, prosigue el trabajo de conservación iniciado por George. Actualmente está en el Parque Nacional de Mkomazi, en Tanzania, y es el director de campo de la George Adamson Wildlife Preservation Trust. En 2007, le fue concedida la Orden del Imperio Británico por sus servicios en pro de la conservación de animales.

Llegamos al campamento y nos encontramos con que George tenía la gripe, pero se alegró de vernos, en parte porque llevábamos whisky y ginebra. Nos dijo que había tenido noticias de que Christian se había apareado con una leona salvaje, así que no estaba lejos, pero no fue hasta la tercera noche cuando se presentó, con gran alivio por nuestra parte. Aunque no nos saltó encima como antes, su saludo fue tan eufórico y con tanto contacto físico como siempre. Seguía siendo muy expresivo, aunque sus entusiastas gruñidos ahora eran mucho más profundos. Pero era enorme, y mientras daba vueltas a nuestro alrededor hizo caer a George. A él no le pareció en absoluto divertido.

George creía que posiblemente fuera el león más grande de Kenia y sin duda el más grande en la zona inmediata a Tana. Calculaba que debía de pesar cerca de doscientos veinticinco kilos, aunque solo tenía tres años y todavía continuaría creciendo.

Mientras cenábamos, Tony y George nos contaron algunas aventuras de Christian, incluidas sus luchas con los leones salvajes, y nos ofrecieron su relato e interpretación de los ataques de Christian contra ellos dos. Estaba claro que ambos lo querían y, magnánimamente, no le guardaban rencor. Nos quedamos sentados charlando toda la noche, con Christian interrumpiéndonos, divirtiéndonos y tratando de empujarnos para hacernos caer de la silla.

Ace escribió de nuevo a sus padres:

> Veíamos a Christian cada mañana y cada tarde para dar un paseo y charlar. Está mucho más calmado y tiene más seguridad en sí mismo que el año pasado. Es sensacional estar con él. Es igual de juguetón. Está enorme. Me saltó encima solo una vez, como hacía antes, levantándose sobre las patas traseras y lo hizo con mucha delicadeza. Me lamió la cara; es mucho más alto que yo. Casi aplasta a John al intentar sentársele encima.

Los siguientes días, observamos lo mucho que había madurado. Aunque feliz de vernos, era incluso más independiente que el año anterior. Dictaba cuándo quería estar con nosotros y cuánto rato, y pasaba mucho tiempo fuera del recinto. Ya había aceptado plenamente a Tony y era él quien lo presentaba a los otros leones. Tony estaba convirtiéndose en un experto en supervivencia y sus diversas destrezas técnicas y mecánicas no tenían precio en Kampi ya Simba; había mejorado enormemente las comunicaciones del campamento con el mundo.

Esta vez, nos quedamos nueve días y conocimos algo más del territorio de alrededor. Fuimos a pescar con Terence, que con frecuencia aportaba una bienvenida comida de pescado fresco para todos. Era experto en plantas y señalaba, entre los espinos y las acacias, los arbustos más exóticos de mirra e incienso. A nosotros, la forma de muchas de las plantas y los desleídos colores nos parecían distintos de los de zonas equivalentes, como las semiáridas de Australia, pero los dos continentes tienen mucho en común: una gran variedad de clima y vegetación, espacios abiertos, un horizonte lejano, un sol brillante, cielos azules despejados y una paz y un silencio de otras épocas. Fue interesante que tanto George como Joy nos hablaran de la posibilidad de criar animales africanos en peligro en zonas salvajes y remotas de Australia, o en otros países, pero hoy está claro que, a cualquier escala, esto pondría en peligro un equilibrio ecológico ya frágil.

Leímos los informes que George redactaba para el ministro de Turismo y Vida Salvaje. Eran un registro valiosísimo, día a día, de la vida de una manada de leones a lo largo de los años, que recogía detalladamente la incorporación con éxito

En Kora, Christian elige su camino con cuidado a través de los espesos espinos.

**Arriba:** George, Ace, Christian y John descansan a la sombra en el campamento de George.

**Página siguiente:** La primera noche de Christian en la sabana africana y una pata en la cara de John, para estar tranquilo.

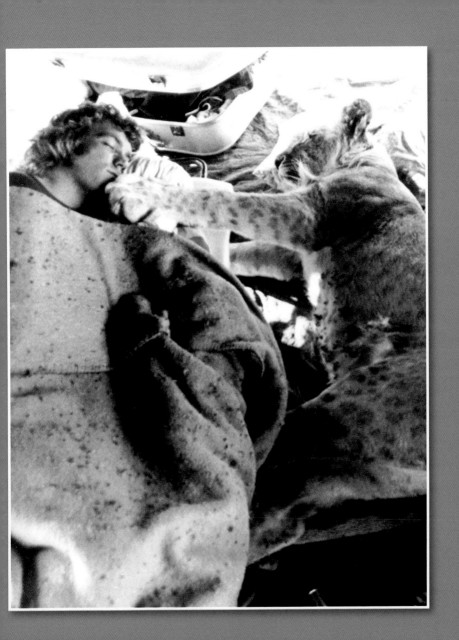

EL REENCUENTRO DE 1971.

**Imagen principal:** Cuando reconoce a Ace y John, Christian corre hacia ellos.

**Izquierda:** Christian salta para saludar a Ace y John.

El león ha doblado su tamaño en el año transcurrido sin que John y Ace lo vieran.

En 1972, Ace y John vuelven para ver a Christian.

De nuevo su tamaño ha aumentado al doble, pero sigue recordándolos y los recibe con el mismo afecto.

**Abajo:** Ace y John con Christian en las rocas que dominan el campamento de George.

Christian contempla su reino en Kora.

de Christian a su ambiente natural. En el pasado, tanto George como Joy habían recibido críticas por no ser lo bastante «científicos», ya que no habían anotado metódicamente la información según las fórmulas prescritas. Pero después de vivir con unos animales concretos y observarlos durante muchos años y varias generaciones, llevando diarios y notas y escribiendo libros y muchas cartas, han hecho una aportación mayor que ninguna otra persona a un conocimiento documentado sobre la conducta de los leones.

Ahora que las leonas se habían apareado con los leones salvajes, Christian estaba un tanto aislado. Por ello, Tony iba a tratar de conseguir un león macho un poco más joven del Orfanato de Nairobi, para que fuera su compañero. Tal vez él fuera el jefe nominal de una manada, pero las leonas confraternizaban con el enemigo y él solo no podía establecer un territorio para criar a sus propios cachorros.

Era evidente que Christian estaba preparado para avanzar un paso más en su vida en la naturaleza. Ya había pasado largos períodos fuera del campamento, posiblemente en busca de un lugar más adecuado para vivir. Hasta el momento había sobrevivido con éxito, pero comprendíamos que quizá tuviera que desplazarse más lejos, lo que significaba que tal vez no volveríamos a verlo.

De vuelta en Nairobi, organizamos un pase de *The Lion at World's End* para varias personas que apoyaban y valoraban la importancia del trabajo de George; entre ellas el secretario permanente, el ministro de Turismo y Vida Salvaje y el embajador ruso en Kenia. Kampi ya Simba era un campamento caro de mantener y no recibía ninguna ayuda de Joy, que actuaba como era previsible y bloqueaba cualquier financiación para el trabajo de George por parte de la Elsa Conservation Trust. Bill Travers había pasado a ocuparse de otros proyectos y estaba trabajando en un documental con Jane Goodall sobre su trabajo con los chimpancés. Los ingresos procedentes de los documentales sobre Christian ayudaban a financiar el trabajo de George, mientras que varios visitantes, seguidores y admiradores suyos también contribuían.

De vuelta en Londres, Tony Fitzjohn vino a vernos con buenas noticias: Christian estaba muy bien y había llegado a un inusual tratado de paz con uno de los leones salvajes. No eran amigos, pero se rugían el uno al otro y luego se dejaban en paz.

Por otro lado, una noticia más preocupante era que algunos hombres de las tribus somalíes y su ganado se habían trasladado más cerca del campamento. Christian había matado a algunos de sus animales y a George le preocupaba que lo atacaran con sus lanzas, como represalia. Dado que era ilegal tener ganado en la zona, el Ministerio de Caza y la policía hicieron que los hombres de las tribus se fueran, pero del mismo modo que los furtivos mataban animales para hacerse con el marfil, partes del cuerpo, pieles y trofeos, los somalíes y su ganado continuarían creando problemas a George.

## 15

## *La pirámide de Christian*

———————

A principios de 1973, Christian cruzó el río Tana y se dirigió hacia el norte, en dirección al Parque Nacional Meru, un lugar mucho más atractivo y un buen territorio de caza. En un parque nacional, los animales estaban más a salvo de los cazadores y de los hombres de las tribus y su ganado. George dejó finalmente de contar los días y los meses que Christian llevaba ausente de Kora; nunca volvió a verlo. Durante los siguientes años estuvimos esperando recibir alguna noticia. Nos gustaba imaginar que se había establecido en un territorio y tenía una manada propia, muy lejos de allí, demasiado lejos para volver a visitar a George. Esperamos que viviera otros diez años y que sus descendientes cacen ahora en Kenia. Había regresado milagrosamente a África, sobrevivido a los años más peligrosos y era grande y fuerte. No podíamos lamentar nada.

Durante sus primeros siete años en Kora, George introdujo diecisiete leones. La devolución de los animales a su hábitat natural se hizo con éxito, pero las vicisitudes de la vida salvaje se cobraron muchas vidas. En su autobiografía, *My Pride and Joy*, George habla de la «pirámide» de Christian más que de su «manada». Le dijeron que Christian se había apareado con leonas salvajes en varias ocasiones, así que suponía que tenía descendencia y su propia manada biológica. En cualquier caso, Kampi ya Simba estaba formado por leones de diversas edades que George había seleccionado de distintos orígenes y, con sus conocimientos y paciencia, había construido una «pirámide» coherente, hecha por el hombre, en torno a Christian. Juma y Lisa se aparearon con un león salvaje y tuvieron cachorros, algunos de los cuales tuvieron, a su vez, cachorros. Una vez la pirámide estuvo completa, George no quiso importar más leones a la zona, porque crearía un desequilibrio de depredadores en una región con poca caza. Se dedicó a trabajar en su autobiografía y continuó documentando sus observaciones de las siguientes generaciones, entre esas constataciones estaba la de que los leones macho adolescentes de Kora eran los más peligrosos.

En octubre de 1973, Kora fue declarada oficialmente Parque Nacional, lo cual proporcionó a George y a sus leones la protección del gobierno y el respaldo oficial para su programa de devolución de los leones a su hábitat natural. George, que consideraba que Kora era un monumento al «alegre, travieso y valiente joven león de Londres», continuó viviendo allí hasta 1989. Un día, una invitada del campamento se ofreció a ir a la pista del aeródromo para recoger a más visitantes. En el camino, la atacaron unos cazadores furtivos y George, que oyó el ruido de disparos desde el campamento, fue abatido a tiros por los furtivos cuando acudía corriendo a ayudarla.

Nos sentimos honrados por haber conocido a George y estamos enormemente agradecidos por los cariñosos cuidados que prestó a Christian. Presenciamos el entendimiento y la comunicación, extraordinariamente profundos, que tenía con sus leones y el amor y confianza que estos tenían en él, ya que incluso le permitían que les curara las heridas. Hoy se diría que era un hombre que susurraba a los leones. Su documentada aportación al conocimiento de los leones y a su conservación es inmensa y, desde entonces, igual que muchos otros influidos por él, hemos apoyado la causa de la vida salvaje y la conservación.

*Nacida libre* despertó un inusitado interés en África y la vida salvaje. El editor de Joy, sir William Collins, publicó muchos otros libros importantes, entre ellos: *In the Shadow of Man* (1971), de Jane Goodall; el clásico fotográfico de Mirella Ricciardi, *Vanishing Africa* (1971), y otros relacionados con la historia natural y los orígenes del hombre, como *The Territorial Imperative* (1966), de Robert Ardrey, y *Vida en la Tierra*, de Richard Attenborough. Personas como estas sentaron los cimientos de los movimientos conservacionistas actuales. Joy fue una de las primeras en denunciar con claridad la relación perjudicial y degradante del hombre con el medio ambiente, que ha quedado demostrada con los actuales pronósticos sobre los efectos del calentamiento global.

Una estadística que da que pensar es que el número de leones de África ha disminuido en dos tercios desde la época de Christian, lo cual hace que el archivo de información de George tenga un valor incalculable para el futuro. Apoyamos activamente proyectos relacionados con la conservación, particularmente a través de la George Adamson Wildlife Preservation Trust.

John visitó Kora en 1973. A lo largo de los años, ha apoyado y conocido otros proyectos de conservación en Kenia, Tanzania y Sudáfrica. Es miembro del consejo de la George Adamson Wildlife Preservation Trust (GAWPT) y da conferencias en su nombre en la Royal Geographical Society y en otros lugares. Además, trabaja como periodista y asesor de relaciones públicas especializado en viajes y vida salvaje. En 2008, fue productor ejecutivo de *Mkomazi: The Return of the Rhino*, sobre la entrega para su reintroducción de cuatro rinocerontes negros de Sudáfrica a Tony Fitzjohn en Mkomazi, Tanzania. John ha estado trabajando con GAWPT en una propuesta para reactivar el Parque Nacional Kora, que quedó prácticamente abandonado cuando asesinaron a George.

Ace volvió a Australia, donde trabaja como conservador de arte, especializado en arte australiano aborigen y colonial. En África, ambos compramos telas, tallas de madera, collares de cuentas y artefactos por vez primera y, desde entonces, los dos hemos seguido coleccionando arte tribal. Influido por sus visitas a África, Ace quería conocer más acerca de los habitantes aborígenes de Australia. Descubrió una cultura y una tradición artística extraordinariamente ricas y variadas, con una apasionante forma de expresión contemporánea, pero también abandonadas en la época poscolonial y con grandes desventajas sociales y económicas.

A raíz del renacer del interés por Christian, provocado por YouTube, hemos disfrutado reviviendo y pensando en el tiempo que pasamos con él, mirando las fotografías, enamorándonos de él de nuevo y echándolo de menos. Recordándolo ahora, casi no podemos creer que todo saliera tan bien y que consiguiéramos devolverlo a África.

Christian tenía mucho encanto, un encanto que definió su vida. Lo seleccionaron y lo enviaron a Harrods para venderlo porque era encantador y tenía un carácter estable. Nosotros lo encontramos irresistible y, contra el sentido común, lo compramos, mientras que no nos sentimos en absoluto tentados por su hermana Marta. Cuando Bill Travers se puso en contacto por primera vez con George, en Kenia, describió a Christian como un «león muy guapo». Christian fue el protagonista de su propia película. Se convirtió en el favorito y amigo de George y fue muy querido entre las personas y los leones. Kora se creó gracias a Christian y su lograda adaptación garantizó que George permaneciera allí diecinueve años y que Kora llegara a ser un parque nacional.

Cuarenta años más tarde, el trabajo de George continúa y la magia de Christian nos inspira de nuevo a pensar en la interrelación de todas las criaturas vivas y en la urgencia de actuar para la conservación de la vida salvaje. Si todos aquellos a quienes conmueve la historia de Christian nos uniéramos para hacer frente a algunos de los problemas a los que se enfrenta la comunidad global, ¿qué no podríamos lograr juntos, inspirados por el cariño de Christian y su amor a la vida?

# La George Adamson
# Wildlife Preservation Trust

La George Adamson Wildlife Preservation Trust, fundación George Adamson por la vida natural, fue creada en 1980 por un grupo de amigos y seguidores de George. Después de que unos cazadores furtivos asesinaran a George en 1989 en Kora, John Fitzjohn, que había sido su ayudante durante dieciocho años, se convirtió en el director de campo de la fundación.

El primer presidente de la fundación fue el difunto doctor Keith Eltringham, profesor de Biología Aplicada en la Universidad de Cambridge. El actual presidente es Bob Marshall Andrews, abogado y diputado. Los miembros del consejo son Alan Toulson y Andrew Mortimer (viejos amigos de Tony en la Mill Hill School de Londres) junto con Anthony Marrian, amigo keniata de George y Tony; el mayor Bruce Kinloch, diputado, antiguo comisario de Distrito en Kenia y primer guarda de caza en Uganda, Tanzania y Malawi, y Brian Jackman, el insigne periodista y articulista sobre la vida salvaje para *The*

*Sunday Times.* También son miembros del consejo John Rendall, Paul Chauveau, James Lucas, Tim Peet y Peter Wakeham; todos ellos aportan sus conocimientos y experiencia al desarrollo y buena marcha del proyecto. Se han establecido otras delegaciones en Estados Unidos, Kenia, Tanzania, Alemania y los Países Bajos.

En 1989, la Royal Geographical Society dio una recepción para que la GAWPT anunciara el lanzamiento del Proyecto Mkomazi, en Tanzania.

La Reserva de Caza Mkomazi, en el norte de Tanzania, se había degradado debido a la caza furtiva, a los incendios provocados (y cada vez mayores) y a la invasión humana. En 1988, el gobierno de Tanzania decidió restablecer la reserva como zona de vida salvaje. Ofrecieron a Tony Fitzjohn, junto con la GAWPT, la oportunidad de trabajar en colaboración con el gobierno en un programa multidisciplinar de rehabilitación que incluyera la recuperación del hábitat, el desarrollo de infraestructuras, la implantación de programas de especies en peligro para el perro salvaje y el rinoceronte negro africanos, programas de servicios sociales comunitarios para los pueblos de alrededor de la Reserva de Caza Mkomazi y un programa de educación medioambiental para los escolares de esos pueblos.

Veinte años después, Tony y la red de delegaciones de George Adamson pueden mostrar con orgullo que el apoyo económico de amigos generosos y numerosas e importantes asociaciones benéficas han dado como resultado la recalificación de la Reserva de Caza de Mkomazi, que ahora tiene la categoría de Parque Nacional, el establecimiento de un santuario de rinocerontes (el único en Tanzania) y la puesta en práctica de un programa continuado de cría en cautividad, veterinaria y reintroducción del perro salvaje africano. Desde la muerte de George en 1989, el Parque Nacional de Kora ha degenerado por falta de dirección, financiación y protección contra los cazadores furtivos y el pastoreo ilegal. En la actualidad, la fundación negocia con el Servicio para la Vida Salvaje de Kenia poder volver a Kora, restablecer el campamento de George y rehabilitar el parque.

George Adamson Wildlife Preservation Trust
16a Park View Road
Londres N3 2JB

Para más información sobre la GAWPT o para hacer una donación a fin de continuar con el trabajo de George Adamson, por favor diríjanse a los siguientes sitios web:

www.georgeadamson.org
www.wildlifenow.com

ESTE LIBRO HA SIDO IMPRESO
EN LOS TALLERES DE
LIMPERGRAF. MOGODA, 29
BARBERÀ DEL VALLÈS (BARCELONA)